현대신서
130

武士道란 무엇인가

니토베 이나조

沈雨晟 옮김

東文選

武士道란 무엇인가

Bushido, the Soul of Japan

The Leads and Biddle Co. Philadelphia, 1905

차 례

서 문 ··· 9

제1장 무사도란 무엇인가
사람의 길을 비추고 있는 무사도의 빛 ··· 13
무사도는 '기사도의 규율'이다 ··· 14
사람들의 마음속에 새겨진 마음가짐 ··· 15
거대한 윤리 체계의 초석 ·· 16

제2장 무사도의 근원을 찾아서
불교와 신도(神道)가 무사도에 미친 영향 ·· 21
무사도의 원천은 공자의 가르침에 있다 ·· 22
무사도는 지식을 위해 지식을 경시한다 ·· 24
무사도의 기본 원리는 무엇인가 ··· 27

제3장 '의(義)': 무사도를 빛내는 최고의 지주
'의(義)'는 용(勇)과 더불어 무사도의 쌍둥이다 ····································· 29
'정의로운 도리'야말로 무조건의 절대적인 명령 ···································· 31

제4장 '용(勇)': 어떻게 뱃심을 연마하는가
의가 없으면 용도 없다 ··· 35
평정함을 뒷받침하는 용기 ·· 38

제5장 '인(仁)': 사람 위에 놓이는 조건이란 무엇인가
백성을 다스리는 자의 필요조건은 '인'이다 ··· 41
덕과 절대권력의 관계 ·· 42

'무사의 정'에 내재하는 인(仁) ··· 44
잠시도 잊지 않는 타자에 대한 연민의 마음 ···················· 46

제6장 '예(禮)': 사람과 함께 기뻐하며 사람과 함께 운다
'예'라는 것은 사람에 대한 배려를 표현하는 것 ················ 51
예를 지키기 위한 도덕적인 훈련 ·· 52
우아한 예절은 내부에 힘을 축적시킨다 ···························· 54
예의는 우아한 감수성으로 나타난다 ·································· 55

제7장 '성(誠)': 왜 무사는 두말을 하지 않는가
진정한 사무라이는 '성(誠)'을 숭상한다 ····························· 59
무사도와 상도(商道)는 어떻게 다른가 ······························· 61
성(誠)이란 실제 이익이 있는 덕행 ····································· 63

제8장 '명예': 고통과 시련을 견디기 위해
불명예는 그 사람을 크게 키운다 ······································· 67
무사도는 왜 극도의 인내를 요구했는가 ··························· 69
명예는 이 세상에서 '최고의 선'이다 ································· 71

제9장 '충의(忠義)': 사람은 무엇을 위해 죽어야 하는가
일본인의 충의란 도대체 무엇인가 ····································· 73
명령에 대한 절대적인 순종이 존재했다 ··························· 74
무사도에서는 개인보다 국가를 소중하게 여긴다 ············· 77
사무라이의 참된 '충의'는 여기에 있다! ···························· 80

제10장 무사는 무엇을 배우고 어떻게 몸을 연마했는가
행동하는 사무라이가 추구한 '품성'은 무엇인가 ··············· 83
무사도는 득실 계산을 하지 않는다 ··································· 84
무사도는 무상·무보수의 실천만을 믿는다 ······················· 86

제11장 사람에게 이기고 자기를 극복하기 위해
  사무라이는 감정을 얼굴에 드러내지 않는다 ─── 89
  왜 '과묵'을 높게 평가했는가 ─── 91
  마음을 편안하게 유지하기 위해 ─── 93

제12장 '할복(割腹)': 사는 용기, 죽는 용기
  할복에서 '배(腹)'는 무엇을 의미하는가 ─── 95
  할복은 하나의 법제도, 의식 전례다 ─── 97
  할복은 어떻게 행해졌는가 ─── 99
  무사도에서 사는 용기와 죽는 용기 ─── 103
  '사십칠사(四十七士)'의 원수 갚음에서 보는 두 판단 ─── 105
  이렇게 '칼은 무사의 영혼'이 되었다 ─── 107

제13장 '칼': 왜 무사의 영혼인가
  칼은 충성과 명예의 상징 ─── 109
  쇠를 달구는 것은 중요한 종교적 행위였다 ─── 110
  무사의 궁극적인 이상은 평화다 ─── 111

제14장 무사도에서 추구하는 여성상
  가정적이고 여걸이기도 할 것 ─── 115
  여성에게 요구된 행동거지 ─── 116
  아내의 의무는 무엇인가 ─── 118
  자기 부정이 없고서는 '내조'의 공은 있을 수 없다 ─── 120
  사무라이 계급의 여성 지위에 대해 ─── 122
  가정에서 소중한 여성 ─── 124

제15장 '야마토 다마시(大和魂)': 어떻게 일본인의 마음이 되었는가
  일반 대중을 끌어들인 무사도의 덕목 ─── 129

사무라이는 민족 전체의 '아름다운 이상' ──────── 130
　　'엘리트'의 영광·동경, 그리고 '야마토 다마시'로 ──────── 132
　　벚꽃은 '야마토 다마시'의 전형 ──────── 133

제16장 무사도는 되살아나는가
　　무사도는 일본의 활동 정신, 그리고 추진력이다 ──────── 137
　　자기의 명예심, 이것이 일본의 발전 원동력이다 ──────── 139
　　일본인 이상으로 충성하는 애국적인 국민은 존재하지
　　　않는다 ──────── 142
　　무사도에 의한 무언의 감화 ──────── 143

제17장 무사도의 유산에서 무엇을 배워야 할까
　　무사도는 사라질 운명에 놓여 있는가 ──────── 147
　　명예·용기, 그리고 무덕의 뛰어난 유산을 지켜라 ──────── 149
　　불사조는 자기를 태운 재 속에서 되살아난다 ──────── 151
　　무사도는 불멸의 교훈이다 ──────── 153

　　원 주 ──────── 155
　　역자 후기 ──────── 157

서 문

10년 전쯤에 벨기에의 저명한 법학자로 지금은 고인이 되신 라블레 씨의 집에서 환대를 받으며 며칠 묵은 적이 있었다. 어느 날 산책을 하다가 이야기가 종교 문제에 이르렀다.

"일본의 학교에서는 종교 교육을 하지 않는다고요?"

그 유명한 학자가 물었다.

"그렇습니다."

내가 이렇게 대답하자 그는 너무 놀란 나머지 걸음을 멈추고 그 자리에 우뚝 섰다. 그리고 쉽게 잊혀지지 않는 목소리로 나에게 되물었다.

"어떻게 종교가 없이 아이들에게 도덕 교육을 할 수 있다는 말입니까?"

그의 물음에 나는 깜짝 놀랐다. 나는 그 자리에서 아무런 대답도 하지 못했다. 왜냐하면 내가 어릴 때 배운 인류에 대한 교훈은 학교에서 배운 것이 아니기 때문이었다. 그래서 나는 선악의 관념을 나에게 일깨워 준 다양한 요소를 분석해 보았다. 그리고 그 관념을 나에게 불어넣어 준 것이 무사도였음을 깨달았다.

이 작은 책자를 쓰게 된 직접적인 동기는 내 아내가 이러저러한 생각과 습관이 일본에 퍼지게 된 것은 어째서냐고 끊임없이 물어댔기 때문이다.

라블레 씨와 아내에게 만족스러운 대답을 하려고 생각하는 동안 봉건제도와 무사도에 대해 모르고서는 현대 일본의 도덕 관념을 이해할 수 없다는 사실을 깨달았다.

그래서 나는 오랜 병치레 때문에 어쩔 수 없이 생긴 기회를 이용해서 가정 내에서 이루어진 대화를 통해 얻은 회답의 몇 가지를 정리해서 독자에게 펼쳐보이기로 마음을 먹었다. 이것들은 주로 봉건제도가 아직 위세를 떨치고 있던 나의 청년 시대에 사람들에게 배우고 그렇게 하도록 지시를 받은 것들이다.

한쪽에는 라후카디오 한 씨와 휴 프레이저 부인이 있다. 또한 다른 쪽에는 어니스트 사토 씨와 쳄벌레인 교수가 있다. 그 틈에 끼어 그것도 영어로 일본에 대해 쓴다는 것은 기가 죽는 일이다. 그러나 이들 유명한 선배들보다 나에게 유리한 유일한 강점은, 그 사람들이 일본에 대해서 대변인 또는 변호인의 입장에 있는 데 비해 나는 피고인의 입장에 서 있다는 것이다.

'만약 내가 그 사람들처럼 자유자재로 언어를 구사할 수 있다면 좀더 훌륭하게 좀더 매끄럽게 쓸 수도 있었을 텐데'라고 생각한 적이 많았다. 그러나 빌려온 단어로 이야기를 하는 사람은 단지 자기가 하고 싶은 말을 누군가 이해해 주는 것만으로도 감사할 따름이다.

나는 이 작은 글 전체를 통해서 이야기하고 싶은 모든 것을 유럽의 역사나 문학에서 유사한 예를 들면서 설명하려고 했다. 왜냐하면 이런 예는 외국인 독자에게 보다 친근하게 이해될 것으로 생각했기 때문이다.

혹시 내가 말한 것이 종교상의 주제나 종교인에 대해 경시하고 있는 듯이 느낄 수도 있겠지만, 나의 그리스도교의 태도 그 자체에는 털끝만치의 의심도 없다. 내가 동정을 금치 못하는 것은 그리스도의 가르침을 애매한 형태로 전도하는 방법이나 형식에 대해서일 뿐 가르침 그 자체에 대해서는 아니다. 나는 그리스도로부터 가르침을 받았고, 《신약 성서》를 통해 전해져 온 종교를 믿으며 내 마음에 새겨져 있는 율법을 믿는다.

여기에 더해 나는 신이 유대교도이건 아니건, 또한 그리스도교도뿐만 아니라 이교도의 모든 사람들과 민족을 위해 《구약 성서》라고 불리는 계약의 책을 만들었다고 믿는다. 《신약》에 관한 나머지 부분에 대해서 독자에게 관용을 강제할 생각은 전혀 없다.
　이 서문 말미에서 나에게 많은 유익한 시사를 해준 친구인 안나 C. 하츠혼 여사에게 감사를 표하고 싶다.

1899년 12월, 니토베 이나조〔新渡戶稻造〕

1
무사도란 무엇인가

사람의 길을 비추고 있는 무사도의 빛

무사도는 일본의 상징인 벚꽃보다 나으면 나았지 못하지 않다. 무사도는 일본의 토양에서 피어난 고유한 꽃이다. 무사도는 일본의 역사라는 서가 속에 모셔져 있는 오래 된 미덕으로, 너무 오래되어 바싹 마른 표본의 하나가 아니다.

무사도는 오늘날 여전히 우리 마음속에 존재하며 힘과 아름다움을 겸비한 살아 있는 대상이다. 무사도는 우리가 손으로 만질 수 있도록 형태나 모양을 지니고 있지는 않지만 도덕적 분위기라는 향기를 내뿜으며, 오늘날 자기가 우리를 끌어당기고 있는 존재라는 것을 충분히 느끼게 해준다.

무사도를 키우고 길러낸 사회적 조건은 사라진 지 오래다. 과거에 존재했다가 현재라는 순간에는 사라진 먼 하늘의 별처럼 무사도는 아직도 우리의 머리 위에서 빛을 던지고 있다.

봉건제도의 소산인 무사도의 빛은 그 어머니인 봉건제도보다 훨씬 오래 살아남아 인류의 길을 비추고 있다.

이 주제를 에드먼드 버크[18세기의 영국 정치가]와 동일한 언어로 말할 수 있어서 기뻤다. 왜냐하면 버크는 유럽에서 이미 돌아보지도 않는 기사도의 관(棺)에 대해 유명한 찬사를 보냈기 때문이다.

과거에는 조지 밀러 박사[1764-1848, 아일랜드의 역사가이며 철학자)[1]처럼 박학한 학자조차 동양에는 고대에도 그랬고, 근대에도 기사도나 그에 준하는 제도가 존재하지 않았다고 단언할 정도였다. 이 작은 글은 당시 동북아에 관해 서글플 정도로 정보가 결여되었음을 논하는 것이다.

그러나 이와 같은 무지도 밀러 박사의 그 훌륭한 저작의 제3판이 페리 제독이 일본의 쇄국의 빗장을 두들긴 그 해에 출판되었다는 것을 생각하면 충분히 허용될 수 있는 것이다.

그로부터 10년이 지나서 일본의 봉건제도가 그 존속의 마지막 몸부림을 치고 있을 때 《자본론》을 쓴 카를 마르크스는 살아 있는 봉건제도의 사회적·정치적 여러 제도는 당시의 일본에서만 볼 수 있다고 독자에게 일본 연구의 이점을 제시했다.

이를 본떠서 나는 서양의 역사 및 윤리의 연구자가 현대 일본에서 무사도의 연구에 보다 심취할 것을 권유하고 싶다.

무사도는 '기사도의 규율'이다

유럽과 일본의 봉건제도와 기사도의 비교사론은 매우 매력적인 분야다. 그러나 여기에서는 이 비교가 목적이 아니다. 나의 시도는 첫번째로 일본 무사도의 기원과 원천을 찾고, 두번째로 그 특징과 교의(敎義)를 살피며, 세번째로 대중에게 미친 영향을 따져보고, 마지막으로 그 영향의 지속성과 영속성에 대해 살피려는 것이다. 이들 항목 가운데 첫번째 것은 짧게 다루려고 한다. 그렇게 하지 않으면 일본 역사의 구불구불한 좁은 길로 독자를 끌어들여야 하기 때문이다. 두번째는 보다 상세하게 다룰 것이다. 국제적인 도덕 관념이나 민족 정신의 비교 연구를 하는 연구자들에게 우리의 사고와 행동 양식에 대해 보다 흥미를 가지게 할 수 있을 것으로 생각하기 때문이다. 그리고 나머지는 가볍게 다룰 것이다.

내가 개략적으로 무사도라고 표현한 말은, 그 어원에서 볼 때 기사도보다 훨씬 많은 의미를 지니고 있다. 무사도라는 말에는 전사라는 고귀한 존재의 본래적인 직분뿐만 아니라 일상 생활에서의 규범까지 포함되어 있다.

무사도는 한마디로 말해서 '기사도의 규율,' 무사 계급의 '높은 신분에 수반되는 의무'다. 나는 이와 같은 어원적인 의미를 바탕해서 무사도라는 일본어를 쓰려고 한다. (이 책은 원래 영어로 쓰여졌다.) 여기서 원어를 쓰는 것은 다음의 이유에서 적절하기 때문이다. 즉 특이하고 지역적인 기질이나 성격이 낳은 한정적이고 달리 비교할 것이 없는 가르침은 확실히 이것이라고 할 수 있는 특징적인 겉모습을 지녀야 하기 때문이다.

또한 어떤 말은 그 국민의 특질을 매우 잘 드러내고 있는 민족의 '음색(音色)'이라고 부를 수 있는 것을 갖고 있다. 따라서 최고의 번역자라고 해도, 적극적으로 불공평하고 부정한 짓을 하려는 의도가 없다고 해도 그 언어의 의미를 진정으로 올바르게 옮기는 것은 매우 어려운 기술이다.

도대체 누가 독일어의 Gemüt(영어로는 mind, soul, heart, disposition, spirit, feeling 등으로 번역할 수 있다)가 의미하고 있는 것을 제대로 번역해 낼 수 있겠는가. 또한 영어의 gentleman과 프랑스어 gentilhomme은 서로 매우 가까운 말이지만, 이 두 단어 사이에 있는 의미의 차이를 느끼지 못하는 사람은 없다.

사람들의 마음속에 새겨진 마음가짐

무사도는 무사들이 지켜야 할 것으로 교육을 받는 도덕적 덕목의 작법이다.

그것은 성문법이 아니다. 기껏해야 입에서 입으로 전해지거나 저명한 무사나 가신의 붓으로 기록된 몇 가지 격언으로 구성되어 있을 뿐이다. 그것은 때로 말해지지도 않고 쓰여지지도 않는 예절이다. 그 때문에 실제의 행동에서 더욱 강력한 구속력을 지니게 된 사람들의 마음속에 새겨진 마음가짐이다. 무사도는 누군가 유능한 사람의 두뇌에서 창조된 것이 아니다. 어떤 탁월한 사람이 있어서 전생애를 걸고 만들어 낸 것도 아니다. 무사도는 몇십 년, 몇백 년에 걸쳐 무사의 생활 방식에서 만들어진 유기적인 산물이다.

무사도는 도덕의 역사에서 대영제국의 헌법이 영국 정치사에서 차지하고 있는 것과 같은 위치에 있다고 말해도 지나친 것은 아니다. 그러나 그것이 마그나카르타나 인신보호법(人身保護法: 1679년 영국에서 부당한 구금을 통한 인권 침해를 막기 위해 만들어진 법)에 해당되는 것은 아니다. 17세기 초반에 무가(武家)의 여러 제도가 공포되었다. 그러나 그 13개 조항으로 이루어진 짧은 항목은 거의가 혼인과 성을 구축하는 법, 도당 등을 거론하고 있으며 교훈적인 규범은 아주 조금밖에 다루고 있지 않다.

따라서 우리들은 명확하게 그 시기와 장소를 지정해서 "여기에 무사도의 근원이 있다"라고 말할 수가 없다. 그러나 단 한 가지 말할 수 있는 것은 무사도가 봉건제의 시대에 자각되었다는 것이다. 따라서 시기를 말한다면 그 기원은 봉건제와 일치한다고 할 수 있다. 그러나 봉건제 그 자체가 진정으로 많은 실로 짜여 있는 것이어서 무사도 역시 그 뒤엉킨 면을 지니고 있다.

거대한 윤리 체계의 초석

영국의 봉건적인 정치제도는 노르만 정복까지 거슬러 올라간다고 한다. 일본에서는 그 발상이 12세기 후반 미나모토 요리토모〔源賴朝: 1147-99, 가마쿠라 막부의 초대 장군〕가 그 지배권을 확립한 시기와 때를 같이 한다고 말할 수 있다.

그러나 우리가 영국에서 윌리엄 정복왕보다 훨씬 이전의 시대에서도 봉건제의 사회적 요소를 찾아볼 수 있듯이 일본에서도 봉건제의 맹아는 내가 지금 말한 시대보다 훨씬 이전부터 존재하고 있었다.

덧붙여 말하면 유럽과 마찬가지로 일본에서도 봉건제가 주류가 되면서 직업 계급으로서의 무사가 자연스럽게 대두하게 되었다.

그들은 사무라이(侍)로 알려져 있다. 사무라이라는 말은 고대 영어의 크니히트(cniht: knecht, knight)처럼 호위 또는 종자(從者)라는 의미다. 그 성격은 카이사르가 아크이타니아에 존재하고 있다고 말한 솔두리(soldurii), 또는 타키투스(로마 역사가)가 말한 당시 게르만 수장들을 따라다니던 코미타티(comitati)에 해당되며, 가까운 역사 속에서 찾아보면 중세 유럽의 역사에 등장하는 밀리테스 메디(milites medii)와 비슷하다. '무가(武家)' 또는 '무사(武士)'('싸우는 기사)라는 한자어 역시 자주 사용되었다. 그들은 특권적인 계급으로, 원래는 그 지위를 전투를 통해 얻은 거친 성격을 가진 사람들이었다.

이 계급은 오랜 세월에 걸쳐 끊임없이 계속된 전란에서 남자답고 용맹한 사람들 사이에서 자연스럽게 생겨났다. 그 시대의 선별 과정을 통해서 겁쟁이나 허약한 사람들은 자연스럽게 밀려났다.

에머슨(19세기의 미국 시인이며 사상가)의 말을 빌리면, '남성적이고 야수처럼 강력함을 지니고 있는 조야한 종족'만이 살아남았고, 이들이 사무라이 가신 집단과 서열을 형성했던 것이다.

그들은 수많은 영예와 특권, 그리고 그에 따르는 의무를 지니게 되면서 행동 양식에 대한 공통적인 규범을 가질 필요를 느꼈다. 특히 그들은 언제나 전투에 뛰어들어야 하는 처지에 있었고, 또한 서로 다른 무사단에 속해 있었기 때문이다.

흡사 의사가 직업적인 예절로 서로간의 경쟁을 제한하고, 변호사가 조야한 행동을 취한 경우에 변호사협회에 출석시키는 것처럼 무사 역시 부주의하게 일을 처리한 경우에 최종 심사를 해서 엄단하기 위한 무엇인가를 지녀야 할 필요성이 있었다.

전투에서의 페어플레이. 이 야만함과 유치한 원시적인 감각 가운데 얼마나 풍부한 윤리의 맹아가 있었던가. 이것이야말로 모든 문무(文武)의 덕의 원천이 아니었던가. 우리는 작은 영국인인 톰 브라운(토머스 휴스가 1857년에 쓴 체험적 학교 소설의 주인공 이름)의 "결코 작은 아이를 괴롭히거나 연장자에게 등을 돌린 인간이라는 이름은 남기고 싶지 않다"라는 소년다운 결의를 들으면, 이미 그런 바람은 잊어버렸다는 듯이 빙그레 웃는다. 그러나 이 결의야말로 그 위에 강인하고 장대한 윤리 체계를 세우기 위한 초석임을 아는 사람은 없을 것이다.

매우 온건하고 매우 평화를 사랑하는 종교계의 사람들도 이 바람을 지지할 것이라고 말하면 지나친 것일까.[2] 톰의 바람은 영국을 위대하게 만드는 초석이 되었다.

그리고 '무사도'가 그보다 작은 초석 위에 세워져 있지 않다는 것을 아는 데는 그다지 많은 시간이 필요하지 않을 것이다.

전투 그 자체는 공격적이며 방어적인 것이기도 하다. 다른 말로 말하면 퀘이커교도가 말하는 것처럼 전투가 잔혹하고 착오로 가득 차 있기도 하지만, "우리가 비록 잘못 속에 있더라도 그 속에서 미덕이 자라나는 것을 알고 있다"라는 레싱(18세기의 독일 극작가이며 비평가)의 말도 있다. '비겁한 사람' '겁쟁이'라는 표현은 건전하고 단순한 성질을 지닌 인간에게 최악의 모멸적인 언사다. 유년 시대에는 이러한 관념에 의지해서 인생이라는 걸음을 떼어 놓게 된다.

무사도 역시 마찬가지다. 그러나 나이를 먹어감에 따라, 또한 그 사람의 인간 관계가 다방면으로 뻗어감에 따라 애초의 신념은 자기의 정당화 또는 충족·전개를 위해 보다 고차원적인 권위와 보다 도리에 합치하는 판단을 하려고 한다.

만약 무사단의 조직이 고차원적이고 도덕적인 구속력 없이 제멋대로 행보를 했다면 무사의 관념은 무사도와 거리가 먼 저급한 것이 되었을 터이다. 유럽에서는 그리스도교가 무사도와 조화되어 확대 해석되었는데, 그리스도교는 기사도에 정신적인 덕목을 불어넣었던 것이다.

"종교와 전쟁과 명예는 완벽한 그리스도교 기사의 세 영혼이었다"라고 라마르틴(19세기 프랑스 낭만파 시인이며 정치가)은 말했다. 이와 마찬가지로 일본의 무사도에는 몇 가지 기원이 있었다.

2
무사도의 근원을 찾아서

불교와 신도(神道)가 무사도에 미친 영향

먼저 불교로부터 시작해 보자. 불교는 운명에 대한 안락한 신뢰의 감각, 불가피한 것에 대한 조용한 복종, 위험과 재난을 눈앞에 두었을 때의 금욕적인 평정함, 삶에 대한 모멸, 죽음에 대한 친근감을 무사도에게 주었다.

어떤 일류 검술의 스승(柳生宗矩)은 한 제자에게 자기의 기술의 극치를 다 가르쳐 준 다음 "나의 지도는 여기까지다. 나머지는 선(禪)의 가르침에 맡기는 수밖에"라고 말했다.

선이라고 하는 것은 Dhyâna를 일본어로 음역한 것이다.

선은 "침사묵고(沈思默考)를 통해서 언어 표현의 범위를 넘은 사고의 영역에 도달하려고 하는 인간의 탐구심을 표현"[3]하는 것이다. 그 방법은 묵상이며, 내가 이해하고 있는 범위 내에서 볼 때 그 목표점은 삼라만상의 배후를 가로지르고 있는 원리로, 이를 얻으면 '절대' 그 자체를 깨닫게 되고 이 '절대'와 자기를 조화시킬 수 있다.

이처럼 선을 정의하면 선의 가르침은 이미 일파의 교의 이상의 것이 된다. 이 '절대'를 인식한 자는 세속적인 일로부터 벗어나 "새로운 '하늘'과 새로운 '땅'"을 자각하게 된다.

불교가 무사도에 주지 못한 것은 신도(神道)가 충분히 제공했다. 그 어떤 신조에 의해서도 가르침을 줄 수 없었던 주군에 대한 충성, 조상에 대한 숭배와 존경·효심 등이 신도의 가르침에 의해 전해진 것이다. 그 때문에 사무라이의 오만한 성격에 인내심이 더해졌던 것이다.

신도의 교의에는 '원죄'라고 하는 것이 끼어들 여지가 없다. 그와 반대로 인간 영혼이 본래적으로 타고난 선한 성격과 신과 닮은 청정성을 믿었고, 영혼을 신의 뜻이 깃들어 있는 지성소로 여기고 숭배했다. 신사의 사당에는 예배의 대상물이나 기구가 별로 보이지 않고 본전에는 장식도 걸려 있지 않으며 거울 하나가 신을 예배하는 주요한 도구일 뿐이다. 이 거울의 존재 이유는 쉽게 설명할 수 있다. 즉 거울은 인간의 마음을 표상하는 것이다. 마음이 완전히 가라앉고 청명함을 유지할 때 거기에서 '신'의 모습을 볼 수 있다. 그 때문에 참배를 위해 신전 앞에 설 때 빛나는 거울에서 자기 모습을 본다. 그리고 참배 행위는 그 옛날 그리스의 델포이의 신탁에 적혀 있던 "너 자신을 알라"와 통한다.

그러나 그리스 및 일본의 가르침에서 자기를 안다고 하는 것은 인간의 육체적인 부분의 지식, 해부학 및 정신물리학의 지식을 의미하지 않는다. 이 경우 앎이라고 하는 것은 도덕적인 의미에 속하는 것이다.

무사도의 원천은 공자의 가르침에 있다

몸젠(19세기 독일 역사가로, 노벨 문학상을 받았다)은 그리스인과 로마인을 비교해서 이렇게 말했다: 그리스인은 예배를 할 때 눈을 하늘로 향한다. 그때 그들의 기도는 응시(凝視)를 통해 성립된다. 로마인은 기도가 내성적(內省的)이기 때문에 머리를 베일로 덮는다고 한다.

일본인의 내성은 로마인의 종교에 대한 사고방식처럼 본질적으로 개인의 도덕 의식보다 민족적인 의식을 드러내어 왔다.

신도의 자연 숭배는 국토라는 것을 우리의 마음 깊숙한 곳에서 소중한 것으로 생각하게 만들었다. 또한 신도의 조상 숭배는 다음에서 다음으로 계보를 더듬어 가다가 결국 천황 가계를 민족 전체의 원천으로 여기게 만들었다.

일본인에게 국토라는 것은 금을 채굴하거나 곡물을 수확하거나 하는 토양 이상의 것이다. 그곳에는 신들, 즉 신성한 조상의 영혼이 살고 있는 것이다. 일본인에게 천황은 야경국가의 수장 또는 문화국가의 후원자 이상의 존재다. 천황은 그 몸에 하늘의 힘과 자비를 띠고 있을 뿐만 아니라 지상에서 육체를 가진 천상의 신의 대리인이다.

M. 부토미(19세기의 프랑스 교육자이며 저술가)[4]가 영국 왕실의 존엄에 대해 "그것은 권위의 이미지일 뿐만 아니라 국가 통합의 창시자인 동시에 그 상징이다"라고 말한 것이 진실이라면, 나도 거기에 대해 찬성한다. 일본 천황 가의 존엄에 대한 것이라면 두 배, 세 배 확대해서 긍정할 수 있다.

신도의 교의는 일본인의 감정 생활을 지배하고 있는 두 특징, 즉 애국심과 충성심을 나타내고 있다.

A. M. 내프[5]는 "히브리 문학에서는 작가가 말하고 있는 것이 신에 대한 것인지, 국가에 대한 것인지, 천국에 대한 것인지, 예루살렘에 대한 것인지, 그도 아니면 메시아인지, 그 민족 자체인지, 이들 모두에 대한 것인지 판단하기 어려울 때가 있다"라고 정확하게 말했다.

이와 매우 유사한 혼란이 일본 국민의 신앙에 이름 붙일 때 일어났음을 깨닫게 된다. 나는 앞에서 혼란이라고 말했다. 왜냐하면 신도는 그 용어의 애매함 때문에 윤리적인 사고를 가진 사람들이 보면 혼란스럽다고 생각할 것이 틀림없기 때문이다.

그 위에 민족적인 본능이나 종족의 감정이라는 틀에서 보면, 신도는 체계적인 철학이나 합리적인 신학을 꼭 필요로 하는 것이 아니기 때문이다.

이 종교——또는 이 종교가 체현하고 있는 종족 감정이라는 편이 보다 정확할지도 모르겠다——는 무사도에 대해 주군에 대한 충성심과 애국심을 철저하게 불어넣었다. 이것들은 교의라고 하기보다 그 추진력으로 작용했다. 그것은 중세 그리스도교의 교회와는 다르다. 신도는 신자에게 신앙상의 약속을 들이대며 규정하는 일을 거의 하지 않기 때문이다. 그 대신에 직접적이고 단순한 형태의 행위 기준이라는 형식을 부여했다.

엄밀하게 말하면 도덕적인 교의에 관해서는 공자의 가르침이 무사도의 풍요로운 원천이었다. 공자가 말한 다섯 가지 윤리적인 관계, 즉 군신(다스리는 자와 지배를 받는 자)·부자(父子)·부부·형제·친구의 관계는 그의 책이 중국에서 전해지기 훨씬 전부터 일본인의 본능이 인지하고 있었다. 냉정함과 온화를 바탕으로 한 공자의 정치도덕의 많은 부분은 지배 계급이었던 무사에게 특히 어울리는 것이었다. 공자의 귀족적이며 보수적인 말투는 이들 무인 통치자가 거부할 수 없을 정도로 적합했다.

공자에 이어 맹자가 무사도에 큰 권위를 가졌다. 그의 힘이 품고 있는 때로는 매우 민주적인 이론은 동정심을 지니고 있는 사람들에게 큰 호응을 받았다.

그 이론은 기존의 사회질서에서 볼 때 위험했고 파괴적인 작용을 일으킬 수 있다고 생각되었으며, 그 때문에 맹자의 책은 오랫동안 금서였다. 그런데 맹자의 말은 무사의 마음속에서 영원한 보금자리를 찾아냈다.

무사도는 지식을 위해 지식을 경시한다

공자와 맹자의 책은 젊은이에게 매우 소중한 교과서였고, 어른들 사이에서는 토론에서 최고의 자리를 차지했다. 그러나 이 두

유가의 고전을 단순하게 알고 있어서는 사람들로부터 높은 평가를 받을 수가 없었다.

"논어를 읽었지만 논어를 모른다"라는 유명한 속담은 공자의 말만을 두르고 있는 사람들을 비웃는 말이었다. 어떤 전형적인 무사(西鄕南洲)는 문학에 정통함을 가리켜 '책벌레'라고 불렀다.

또한 어떤 사람(三浦梅園)은 학문을 그것이 실제로 도움이 될 때까지는 몇 번이고 삶아야 하는 냄새가 강한 야채에 비유했다. 또한 그는 이렇게 말했다: "조금밖에 읽지 않은 사람은 학식이 있음을 자랑하고, 많이 읽은 사람은 그만큼 학식을 자랑하려고 한다. 둘 다 모두 불쾌한 존재들이다."

미우라 바이엔(三浦梅園)은 지식이라는 것이 학습하는 사람의 마음에 동화해서 그 사람의 성질에 나타날 때만이 참된 지식이라고 말했다.

지식 전문가는 기계와 마찬가지로 취급당했다. 지성 그 자체는 도덕적 감정에 이끌림을 받아야 한다고 생각했다. 인간과 우주는 정신적이며 도덕적인 것이라고 생각되었다. 무사도의 생각은 "우주의 진행은 비도덕적인 것이다"라는 T. H. 헉슬리(19세기의 영국 생물학자)의 판단과 전혀 다른 것이었다.

무사도는 지식을 위해 지식을 경시했다. 지식은 본래 목적이 아니라 지혜를 얻는 수단으로 여겼다. 따라서 이 목적에 도달하기를 포기한 사람은 요구에 따라 시나 격언을 만들어 내는 편리한 기계 이상이 아니라고 여겼던 것이다.

이와 같은 지식은 인생에서 실제적인 지식 적용이라는 행위와 동일한 것으로 간주되었다. 이 소크라테스적인 교의는 '지행합일(知行合一)'을 끊임없이 되풀이한 중국의 사상가 왕양명(王陽明)이라는 최대의 해설자를 찾아냈다.

이 주제를 다루는 동안 조금씩 샛길로 빠지는 것을 허락해 주기 바란다. 왜냐하면 가장 고결한 '무사' 가운데에는 이 현인의 가르침에서 강한 영향을 받은 사람이 있기 때문이다.

서양의 독자들은 왕양명의 저작에서 《신약 성서》와 유사한 많은 부분을 보게 될 것이다. 쌍방의 가르침은 독특한 용어의 차이를 인정하면, "먼저 신의 나라와 신의 뜻을 구하라. 그러면 이들 모든 것이 너희 것이 되리로다"라는 구절은 왕양명의 책에서도 얼마든지 찾아낼 수 있는 사상이다.

왕양명 학파의 한 사람인 미와 시츠사이(三輪執齋)는 "천지 만물을 주재하고 사람에 깃들어서는 마음이 된다. 따라서 마음은 살아 있는 것이며 항상 빛난다"라고 말했다. 또한 "그 본체의 영적인 빛은 항상 빛난다. 그 영적인 빛이 사람의 의지가 아닌 자연에서 발현하고 그 선악을 비춤을 양지(良知)라고 하며 이것이 하늘 신의 광명이다"라고 말했다. 이런 말이 아이작 페닝턴(18-19세기의 영국 의학자)을 비롯한 다른 신비철학자의 말과 무엇이 다르단 말인가.

나는 신도의 단순한 주장에 잘 드러나 있는 것처럼 일본인의 마음은 왕양명의 가르침을 수용했기 때문에 더욱 폭이 넓어졌다고 생각한다.

왕양명은 그 양심무류설(良心無謬說: 양심에는 오류가 없다)의 교의를 극단적인 초월주의로까지 발전시켰다. 그리고 단순히 선악의 구별에 머무르지 않고 심리적 여러 사실이나 물리적 여러 현상의 성질까지도, 또한 지각할 수 있는 능력까지도 양심에 있다고 생각했다.

그는 G. 버클리(18세기의 영국 철학자)나 J. G. 피히테(18-19세기의 독일 철학자)에 뒤지지 않게 관념론을 끝까지 밀고 나가 인간의 능력을 초월한 사물의 존재를 부정하기에 이르렀다. 그의 방법론이 유아론(唯我論)에 귀속되는 모든 논리적 오류를 내포하고 있다고는 하지만 거기에는 강력한 확신만이 지닌 효과가 있었다. 왕양명의 사상이 지닌 개인의 성장이나 평정에 인격을 발전시킬 수 있는 윤리적인 의미는 반박할 수 없는 것이다.

무사도의 기본 원리는 무엇인가

 이렇게 '무사도'의 원천이 무엇인지 따져 보면 스스로 흡수하고 자기 것으로 만든 기본적인 원리는 그다지 많지 않고 단순한 것이기도 했다.

 그렇지만 그것들은 일본 국민의 역사에서 가장 불안정하고 불안한 시대에 삶의 안전한 통행증이 되기에는 충분했다. 무인 조상들의 건전하기는 하지만 세련과는 거리가 먼 기질은 고대 사상의 주류와 지류에서 주워 모은 단편적인 교훈 다발에서 그들의 정신 속으로 충분한 양을 받아들였다. 그리고 그 시대의 요청에 자극을 받아 교훈 다발에서 새롭고 독특한 남자다움의 형태를 만들어 냈다. 프랑스 학자인 드 라 마즐리에르는 16세기 일본에 대한 인상을 다음과 같이 정리했다:

 "16세기 중엽, 일본은 정치·사회·종교 등 모든 면에서 혼란스러웠다. 그러나 무수히 많은 내전과 만행으로 되돌아간 것처럼 보이는 행위, 각자의 정당방위의 필요성——이것들은 H. A. 텐[19세기의 프랑스 비평가이며 철학자]이 '정력적인 진취의 기풍, 곧바른 결단력과 인내력'이라고 상찬했던 16세기의 이탈리아인과 비교해서 전혀 뒤떨어지지 않은 인간을 육성했던 것이다.

 이탈리아와 마찬가지로 일본에서도 '중세의 야만적인 행위'가 인간을 '전투적이고 반항적인' 멋진 동물로 만들었다. 그리고 이것이 16세기 일본인의 주요한 자질, 즉 위대한 다양성이 가장 고도로 나타나게 된 이유다. 인도나 중국에서조차 인간은 주로 정력과 지능에 의해 차이가 있다고 보았다. 일본에서는 그 차이에 더해 성격의 독자성에서도 차이가 있다고 보았던 것이다.

 지금에 이르러서 개성은 뛰어난 종족이나 발전한 문명의 징후다. 만약 우리가 니체가 즐겨 사용한 표현을 빌린다면 "아시아에서 인간의 성격을 말하는 것은 그 평원을 말하는 것이다. 일본에서는 유럽과 마찬가지로 인간의 성질은 그 산악에 의해 대표된다"라고 말할 수 있을 것이다.

마즐리에르가 쓴 일본인의 일반적인 성질에 대해 이번에는 우리가 우리 스스로에 대해 말할 수 있다.

'의(義)'로부터 시작하자.

3

'의(義)' : 무사도를 빛내는 최고의 지주

'의(義)'는 '용(勇)'과 더불어 무사도의 쌍둥이다

이 장에서 우리는 사무라이 규범 가운데 가장 엄격한 가르침을 살펴볼 것이다. 사무라이가 가장 피해야 할 것은 뒷거래나 부정한 행위였다.

의의 관념은 오류를 범하고 있는지도 모르겠다. 지나치게 편협할지도 모르겠다.

어느 유명한 무사(林子平)는 그것을 결단하는 힘으로 정의하며 다음과 같이 말했다:

"용은 의의 잣대로 재단해야 한다. 도리에 맡겨 결정하고 유예할 수 있는 마음을 가리킨다. 죽어야 할 장소에서 죽고 원수를 갚아야 할 때 갚아야 한다."

또 다른 무사(眞木和泉守)는 이렇게 말했다:

"무사가 중히 여기는 것이 절의(節義)다. 절의는 사람의 몸에 비유하면 뼈다. 뼈가 없으면 머리도 몸통 위에 바르게 있을 수 없으며 손으로 물건을 집을 수가 없다. 다리로 서 있을 수도 없다. 이처럼 재능이 있거나 학문에 뛰어나도 절의가 없으면 세상에 우뚝 설 수가 없다. 절의가 있다면 뼈가 자유롭지 못해도 무사가 되기에는 문제 없다."

맹자는 "인(仁)은 사람의 안식처이고, 의는 사람이 가야 할 바른길이다"라고 말했다. 그리고 이렇게 덧붙였다:

"그 길을 버리고 따르지 않는구나. 서글픈 일이도다. 그 마음을 버리고 진정 바랄 것을 모르는구나. 서글픈 일이도다. 사람이 닭이나 개가 도망을 하였다면 곧 찾을 줄을 알되 마음을 잃고도 구할 줄을 알지 못하나니."

그런데 맹자로부터 3백 년이 지나서 "의라는 것은 그것을 잃은 사람이 반드시 되찾아야 하는 의의 길 바로 그것이다"라고 말한 위대한 교사(예수 그리스도)가 나타났다.

우리들은 위와 같은 것을 '거울 속에 비치는 것처럼 또렷하지는 않지만' 그 대상으로 삼아야 하는 것을 여기서 찾을 수 있지 않을까. 그러나 이는 본론에서 너무 벗어난 듯하다.

맹자에 따르면, 요컨대 의라는 것은 사람이 잃은 낙원을 다시 손 안에 넣기 위해 반드시 통과해야 하는 가장 빠르고 좁은 길이다.

봉건 시대의 말기 오랫동안 계속된 태평성대가 무사 계급의 생활에 여가를 안겨 주었다. 온갖 종류의 여흥이나 기예에 대한 고상한 취미를 발전시킨 이 시대야말로 의사(義士)라고 부르는 이름이 학문이나 기예의 길을 높은 곳으로 끌어올렸음을 의미하는 그 어떤 이름보다 뛰어난 것으로 생각되었다. 47인의 충신(주군의 원수를 갚은 47명의 가신을 가리키는 것으로, 일본에서 매우 유명한 일화이다)은 우리가 배운 대중 교육에서 47인의 의사라고 나와 있다.

사악한 음모가 군사적 책략으로, '새빨간 거짓말'이 책략으로 통하던 시대에 이처럼 솔직하고 정직하며 남자다운 덕행은 더욱 빛을 발하는 보석이었다. 그것은 최고의 칭송을 받았다. 의는 또 하나 용감이라는 덕행과 나란히 무사도의 쌍둥이였다.

그러나 용에 대해 말하기 전에 의에서 파생된 것에 대해 잠깐 살펴보자.

여기에 제시하는 관념은 처음에는 의의 근원에서 조금 떨어져서 생겨났다. 그러나 그것은 점차 그 사이가 벌어지기 시작해 결국에는 대중적으로 왜곡되어 수용되기에 이르렀다.

즉 여기서 나는 '의리(義理)'(의리는 한국과 일본에서 그 개념을 달리하고 있다. 일본의 의리는 어쩔 수 없이 해야 하는 것을 의미한다)에 대해 말하려고 하는 것이다. 이는 말 그대로 '정의로운 도리'다. 그러나 그것은 점차로 마땅히 해야 할 의무나 세상이 기대하는 막연한 의무감을 의미하는 것으로 그 의미가 바뀌었다. 그 본래적이고 순수한 의미에서 의리는 순수하고 단순한 의무를 가리키는 말이었다.

'정의로운 도리'야말로 무조건의 절대적인 명령

여기서 부모나 나이가 많은 사람 또는 나이가 어린 사람, 크게는 사회 일반 등에 대해 떠안고 있는 '의리'에 대해 살펴보자.

이 경우 '의리'는 의심할 여지없이 의무를 가리킨다. 왜냐하면 '정의로운 도리'가 우리에게 해야 할 것을 요구하고 명령하는 것 이외에 달리 어떤 의무가 우리에게 있다고 말할 수 있겠는가. '정의로운 도리'야말로 우리가 무조건적으로 따라야 하는 절대적인 명령에 다름 아니다. '의리'는 본래적인 의무 이외에 다른 것을 의미하지 않는다.

예를 들어 부모에 대한 행위에서 애정이 유일한 동기다. 그러나 만일 애정을 지니고 있지 않다면 부모에 대해 효행을 명하는 뭔가 다른 권위를 필요로 하게 된다. 그와 같은 사실에서 의무가 생겨난 것으로 생각된다. 그리고 사람들은 그 권위를 '의리' 속에서 정식화시켰다. 그리고 그 '의리'의 형태를 만들어 냈다.

왜냐하면 만약 애정이 따뜻한 덕행과 연관되어 있지 않다면 의지할 수 있는 것은 인간의 이성이다. 그리고 그 이성은 사람에게 올바르게 행동할 필요가 있음을 재빠르게 일깨워 줄 것이다.

마찬가지로 다른 도덕상의 의무에 대해서도 동일한 말을 할 수가 있다. 의무가 성가시게 느껴질 때는 '정의로운 도리'가 우리들을 나태로부터 지켜 주기 위해 뛰어들어온다. 이처럼 이해되는 '의리'는 손에 채찍을 들고 게으른 자에게 그가 마땅히 해야 할 일을 하게 만드는 엄격한 아버지가 된다.

그러나 그것은 도덕에서 제2의적(第二義的) 힘이다.

왜냐하면 의리는 동기를 부여하는 요인으로서 '율법'으로 표현할 수 있는 그리스도교의 사랑의 가르침에 훨씬 열등하기 때문이다.

나는 의리를 인간이 만들어 낸 사회의 한 산물이라고 생각한다. 어떤 사회에서는 탄생의 우연이나 힘들이지 않고 얻은 은총이 계급적인 차이를 결정한다. 가족이 사회의 단위가 되어 재능의 우수함보다도 나이가 많다는 것을 더욱 중하게 여긴다. 인간이 만들어 낸 관습 앞에 종종 자연스러운 애정이 자리를 양보해야 하는 사회에서 태어나는 것이 의리라고 생각하는 것이다.

이런 인위성 때문에 '의리'는 시간이 지남에 따라 이것저것을 설명하거나, 어떤 행위를 시인하기 위해 인용되기도 한다.

그것은 애매한 적부(適否)를 상황에 따라 사용하는 감각 수준으로까지 떨어지고 말았다. 예를 들어 왜 어머니는 장남을 구하기 위해 필요하다면 다른 모든 아이들을 희생하는가. 왜 딸은 아버지의 방탕을 위한 돈을 얻기 위해 몸을 팔아야 하는가 등등.

나는 '정의로운 도리'에서 시작된 '의리'가 궤변에 굴복하고 말았다고 생각한다.

W. 스콧(18-19세기의 영국 시인이며 소설가)이 애국심에 대해 "그것은 매우 좋은 것이다. 또한 가장 의심스러운 것이다. 한쪽은 다른 감정의 가면이다"라고 말했는데, 이는 '의리'에 대해서도 동일하게 말할 수 있다.

'정의로운 도리'에서 훨씬 먼 곳으로 유리된 의리는 정말 잘못된 언어의 오용이다. 의리는 그 날개 아래에 모든 종류의 궤변과 위선을 감싸안았다.

만약 '무사도'가 예민하고 정당한 용기의 감성, 과감과 인내의 감성을 지니고 있지 않았다면 의리는 곧바로 겁쟁이의 소굴로 전락하고 말았을 것이다.

4

'용(勇)' : 어떻게 뱃심을 연마하는가

의가 없으면 용도 없다

용기는 의에 의해 발동되지 않으면 덕행 중에서 가르침을 받을 가치가 없는 것으로 여겼다.

공자는 《논어》속에서 그가 항상 사용하는 것처럼 부정에 의해 명제를 밝히는 방법으로 용기에 대한 정의를 내렸다: "의가 없으면 용기도 없다."

이 격언을 긍정적으로 바꾸면 "용기라고 하는 것은 바른 일을 하는 것이다"라고 할 수 있다. 온갖 종류의 위험을 겪고 생명을 담보로 해서 사지에 뛰어드는 일 —— 이것은 종종 용맹과 동일시되었고, 무기 사용을 직업으로 하는 사람들은 이런 맹목적인 행위를 칭찬했다. 셰익스피어는 이를 '용맹의 사생아'라고 이름 붙였다.

그러나 무사도의 가르침은 이와 다르다. 죽음에 가치를 두지 않고 죽는 것은 '개죽음'이라고 생각했다. 미토 요시마사(水戸義公)는 이렇게 말했다:

"목숨을 가볍게 여기는 것이 무사의 직분이라면 그것은 그다지 드문 일이 아니다. 혈기가 넘치는 용기는 도적이라도 가질 수 있다. 무사다운 행위는 그 장소를 물러나 충절을 이루는 일이기도 하다. 그 장소에서 원수를 죽음으로 갚고 충절을 이루는 일도 있다. 이런 것을 가리켜 죽을 때에 죽고 살아야 할 때에 살아야 하는 것이라고 말한다."

그러나 그는 "사람이 두려워해야 할 것과 두려워하지 말아야 할 것의 구별이야말로 용기다"라고 정의한 플라톤의 이름을 들어 본 적이 없는 사람이다. 서양에서 말해진 도덕적인 용기와 육체적인 용기의 구별은 일본인 역시 옛부터 널리 알고 있었던 것이다.

젊은 사무라이 가운데 '대의의 용기'와 '필부의 용기'의 구별에 대해 배우지 않은 사람이 있을까. 용맹·인내·용감·호기·용기 ──이것들은 소년들의 영혼에 쉽게 호소할 수 있는 것이며, 그 실천과 모범을 보여 줌으로써 그들을 훈련시켰던 것이다. 이것들은 소년들 사이에서 어릴 때부터 가장 인기 있는 덕목이었다.

군사 이야기는 소년들이 어머니의 젖에서 떨어지기 전부터 몇 번이고 들었다. 어린아이가 아픔을 견디지 못하고 울면 그 어머니는 "이런 정도의 아픔으로 울다니 그것은 겁쟁이나 하는 일이야. 전투에서 팔이 잘려나가면 어떻게 할 거니. 할복을 명령받으면 또 어떻게 할 거고"라고 꾸짖었다.

가부키〔歌舞伎〕의 《센다이하기〔先代萩〕》에서 아직 어린아이를 위해 인내를 강요하는 감동적인 이야기는 일본인이 잘 알고 있는 이야기다. 그 정경은 이렇다:

'먹이를 물고 오는 어미새에게 달려드는 새끼새처럼'
쓰루치요〔鶴千代〕 "어미참새가 새끼에게 무엇인가 먹이를 준다. 나도 저것처럼 빨리 밥이 먹고 싶어."
마사오카〔政岡〕 "새끼새를 부러워하는 마음이야 당연하지"라고 말을 얼버무리는 목소리가 떨리며 "내 아들 치마츠〔千松〕, 치마츠 뭣 때문에 울고 있니. 어려도 넌 사무라이잖아."

인내의 정신과 용감함에 대한 일화는 옛날 이야기 속에도 많이 있다. 그러나 이런 종류의 이야기가 유소년기에 용맹심과 호기로움을 불어넣는 유일한 방법은 아니다.

부모는 때로는 잔혹하게 느껴질 정도로 가혹한 수단으로 아이들에게 담력을 연마시켰다. 그들은 "곰은 그 새끼를 천길 낭떠러지에서 떨어뜨린다"라고 말한다. 무사의 아들은 위험천만한 계곡 속에 놓여졌고, 그리스 신화에 나오는 시시포스처럼 힘든 고난과 싸워야 했다.

때로는 음식물을 주지 않거나 추운 곳에 세워두는 것은 인내에 적응하기 위해 매우 효과적인 방법이라고 생각했다. 어린 소년이 전혀 모르는 사람에게 보내지거나, 해가 뜨기 전에 일어나 아침 식사 전까지 추운 밖에서 맨발로 스승을 찾아가거나, 책을 빨리 읽는 훈련을 하기도 했다.

또한 소년들은 종종——한 달에 한두 번 학문의 신의 제삿날 등에——몇 명씩 모여서 소리를 높여 밤새도록 돌아가며 책을 읽었다.

처형장·묘지나 유령이 나오는 집 등 모든 종류의 기분 나쁜 장소를 놀아다니는 것도 그들에게는 즐거운 일이었다.

참수가 공개적으로 행해지던 시대에 어린 소년들은 이 끔찍한 장면을 보러 가야 했다. 또는 어둠 속을 혼자서 그곳에 갔었다는 증거로 잘려진 목에 자기만의 표시를 하고 오라는 명령을 받기도 했다.

이런 스파르타식의 '담력을 키우는' 방식*은 현대의 교육자에게 공포와 회의를 안겨 줄지도 모른다. 즉 고운 심성을 뿌리째 흔들어 잔인한 마음으로 바꿀 수 있다는 의문이 일어날지도 모른다는 말이다.

우리는 다음 장에서 용기에 관해 무사도가 달리 어떤 개념을 지니고 있었는지 살펴볼 것이다.

평정함을 뒷받침하는 용기

용기의 정신적인 측면은 침착함이다. 즉 용기는 마음의 평온함으로 나타난다. 평정함은 정지 상태의 용기다. 과감한 행위가 용기의 동적 표현임에 대해 이는 그 정적 표현이다. 진정으로 용기가 있는 사람은 항상 침착하고, 결코 놀라지 않으며, 어떤 일이 일어나도 평정함을 잃지 않는다.

그들은 전쟁터의 소란스러움 속에서도 냉정하다. 파멸적인 사태 속에서도 평정함을 유지한다. 지진이 나도 당황하지 않으며, 폭풍우 속에서도 미소를 짓는다. 우리는 위험과 죽음을 눈앞에 두었을 때 평정함을 지닌 사람, 예를 들어 위험을 앞에 두고 시를 짓거나 죽음에 직면해 시를 낭송하는 사람이야말로 훌륭한 사람으로 존경한다. 필체나 목소리에 아무런 혼란이 섞여 있지 않은 마음——우리는 이를 '여유'라고 부른다——은 그 사람의 그릇이 크다는 좋은 증거다. 그것은 눌려서 찌그러지지 않고 혼란되지 않으며, 언제나 보다 많은 것을 담을 수 있는 여유를 지니고 있다.

다음의 이야기는 사실을 바탕한 삽화로 매우 유명한 것이다:

에도 초창기에 살았던 오타 도칸(太田道灌)은 창에 찔렸을 때, 그가 노래의 달인이었음을 알고 있었던 자객이 창을 찌름과 동시에,

시간이 되었으니 생명을 아까워하지 마라.

하고 앞의 구절을 읊자 맹장(猛將)은 옆구리에 치명상을 입었음에도 불구하고,

더불어 탄식하는 몸도 알지 못한다면.

하고 다음 구절을 읊조렸다.

용감한 기질에는 스포츠의 요소도 포함되어 있다. 범상한 사람에게 중대한 것은 용감한 사람에게는 거의 장난과 비슷한 것이다. 옛날 전투에서 싸우는 상대와 의표를 찌르는 응답을 하거나 노래로 싸움을 시작한 경우도 드물지 않았다. 서로 맞붙어 싸우는 것은 거친 전투력의 문제가 아니라 지적인 승부이기도 했던 것이다.

11세기 후반에 바로 위의 전형적인 싸움이 기누가와(衣川)의 제방에서 행해졌다. 동국(東國)의 군대는 패주했고, 장군인 아베 사다토(安倍貞任)도 도망을 치려고 했다. 그런데 공격해 온 상대방의 대장이 아베를 붙잡아 큰 소리로 "더럽게도 뒷모습을 보이다니. 내버려두어라. 별것도 아니니까"라고 말했다. 그러자 아베가 말머리를 돌리니 싸움에서 승리한 장군이 즉흥적으로 시를 읊었다:

옷이 해어져 남루하구나.

이 말이 그의 입술에서 새어나오자마자 아베는 새갈을 느슨하게 물리고 응어리를 되새기며,

세월을 지나 실이 낡은 서글픔이란.

하고 대답했다. 활을 당기고 있던 미나모토 요시에(源義家)는 갑자기 손을 풀고 말을 돌려 죽일 수도 있는 적장을 도망치게 내버려두었다.

이 기묘한 행동에 대해 사람들이 물어보자 요시에는 "적에게 그토록 심하게 공격을 받으면서도 마음의 평정을 유지한 사람에게 모욕을 가하고 싶지 않았다"라고 대답했다.

M. J. 브루투스(기원전 1세기의 로마 정치가)의 죽음을 슬퍼한 안토니우스와 옥타비아누스의 심경은 용감한 남자들에게는 특별

한 일이 아니었다.

우에스기 겐신(上杉謙信)은 다케다 신겐(武田信玄)과 14년에 걸쳐서 싸웠다. 신겐의 죽음이 겐신에게 전해지자 그는 '적 가운데 가장 뛰어난 사람'을 잃었다고 통곡했다. 겐신은 시종일관 신겐에 대한 존중을 잃지 않았던 것이다. 신겐의 영지는 바다에서 멀리 떨어진 산간에 있는 고슈였다. 그는 소금의 공급을 도카이도(東海道)에 있는 호조 우지야스(北條氏康)의 영지에서 얻고 있었다. 호조는 그 당시 신겐과 싸우고 있지는 않았지만 신겐의 세력을 약화시키기 위해 중요한 물자의 공급을 중단했다. 겐신은 적인 신겐의 곤궁함을 듣고 자기 영지에서 소금을 얻을 수 있다는 편지를 신겐에게 보냈다.

"내가 공과 다툴 때 필요한 것은 화살이지 쌀과 소금이 아니오. 따라서 지금부터 우리 나라에서 소금을 가져가시오. 원하는 만큼." 그리고 상인에게 명령을 내려 보통 가격으로 소금을 공급했다(《常山紀談》)

이것은 M. F. 카밀루스(4세기의 로마 장군이며 정치가)의 "우리 로마인은 금으로 싸우지 않는다. 철을 가지고 싸운다"라고 한 말과 필적한다. 니체가 "너의 적을 자랑스러워하라. 그러면 너의 적의 성공이 너의 성공이 된다"라고 적은 것은 사무라이의 심정을 말한 것이라고도 할 수 있다.

용기와 명예는 둘 다 가치 있는 사람만을 평상시에 친구로 삼고, 전쟁 때에도 그런 사람만을 적으로 삼아야 함을 요구한다.

용기가 높아지면 그것은 '인(仁)'에 다가선다.

5

'인(仁)' : 사람 위에 놓이는 조건이란 무엇인가

백성을 다스리는 자의 필요조건은 '인'이다

사랑과 관용, 타자에 대한 동정, 연민의 정은 언제나 최고의 덕목, 즉 인간의 영혼이 지닌 온갖 성질 가운데 최고의 것으로 인정받아 왔다.

그것은 두 가지 의미에서 왕자다운 덕으로 생각되었다. 그것은 고귀한 정신이 지니고 있는 성질 가운데 가장 왕자다운 것이며, 왕자가 마땅히 지녀야 할 덕목이었다. 우리들이 W. 셰익스피어를 필요로 한 것은 세계의 우리 이외의 사람들과 마찬가지로 자비는 왕관보다 뛰어난 군주가 되거나, 왕홀을 가진 왕의 통치보다 훌륭하기 때문이라고 느끼기 때문이 아니다. 이것들을 표현하기 위해 셰익스피어가 필요했던 것이다. 공자와 맹자는 몇 번이고 백성을 다스리는 사람이 가져야 할 필요조건의 최고 덕목은 인이라고 강조했다.

공자는 말한다: "군자는 먼저 덕을 섬긴다. 덕이 있으면 여기에 사람이 있고, 사람이 있으면 여기에 선비가 있고, 선비가 있으면 여기에 재물이 있고, 재물이 있으면 여기에 쓰임이 있다. 덕은 근본이며, 재물은 마지막이다." 공자의 말은 이어진다:

"아직 상인(上仁)을 좋아하고, 하의(下義)를 좋아하지 않는 자는 남아 있지 않다."《대학》) 그리고 "천하를 마음으로 굴복시키지 않고 왕이 된 사람은 없다"라고 말했다.

맹자는 공자의 뒤를 이어 "불인(不仁)해서 나라를 얻은 자는 있지만 불인해서 천하를 얻은 사람은 아직 없다"라고 말했다. 두 사람 모두 천하를 다스리는 자에게 반드시 필요한 조건으로 "인(仁)은 인(人)이다"(《중용》)라고 정의했다.

덕과 절대권력의 관계

봉건제도 아래에서는 무단정치로 빠지기 쉽다. 우리들이 최악의 전제정치에서 구원을 받은 것은 인(仁)의 덕분이다. 지배되는 쪽은 '신분과 생명'을 무조건 맡겨야 하기 때문에 거기에는 지배하는 자의 의지만이 남게 된다.

그리고 자연적인 결과에 의해 종종 '동양적 전제'라고 불리는 그 절대주의의 극한적인 발달을 초래하게 되기도 한다. 흡사 서양의 역사에서는 전제군주가 한 사람도 없었던 것처럼 말이다.

나는 어떤 종류의 전제정치도 지지하지 않는다. 그러나 봉건제를 전제와 동일시하는 것은 분명한 오류다. 프리드리히 왕이 "짐은 국가의 제일가는 종이다"라고 썼을 때, 법률학자들은 자유의 발달이 새로운 시대에 도달한 것이라고 믿었다.

그런데 동일한 시기에 일본의 도호쿠〔東北〕의 산간에 있는 요네자와〔米澤〕에서 우에스기 다카야마〔上杉鷹山〕가 동일한 선언을 했다:

"국가 인민을 위한 군주는 있어도 군주를 위한 국가 인민은 없다."

봉건 군주는 자기 가신에 대해서는 상호적인 의무를 지고 있다고는 생각지 않았다. 그러나 조상이나 하늘에 대해서는 강한 책임감을 갖고 있었다.

군주는 백성의 아버지이며, 아래로 백성을 사랑해야 하는 의무가 있는 것이다. 중국의 고전인 《시경》에 따르면 "은(殷)이 아직 스승을 잃지 않았을 때 자주 상제의 보살핌을 받았다"라고 한다. 공자는 《대학》에서 "백성이 좋아하는 것을 좋아하고 백성이 싫어하는 것을 싫어한다. 이를 일컬어 백성의 부모라고 말한다"라고 가르쳤다.

이처럼 백성의 의향과 군주의 의지는 일치하고 민주주의의 생각과 절대주의는 서로 융합했다. 또한 일반적으로 말해지는 의미와 달리 무사도는 세습정치를 받아들였고, 그것을 강화했다. 그것은 아직 별로 관심을 기울이지 않은 '엉클 샘의 정치'('엉클 샘'은 미국 연방정부의 별칭이다)에 대한 의미에서 볼 때도 부권정치였다.

전제정치와 세습정치의 차이는 다음과 같다: 전자에서 인민은 의지와 상관없이 복종을 강요당하지만, 후자에서는 "자긍심 높은 공손과 위엄을 유지한 순종·예종(隸從) 그 자체의 상태라도 자유로운 정신의 고양이 지속되는 영혼의 복종"[6]이다.

또한 영국 국왕을 가리켜 "악마의 왕, 즉 신하가 반란해서 그 왕위를 빼앗는다"라고 말하며, 프랑스 국왕을 "노새의 왕, 즉 제한 없는 세금과 공납을 강요한다"라고도 말한다. 그리고 스페인 왕을 "인민의 왕, 즉 신하가 저절로 복종한다"라고 말한다. 이들 오랜 격언이 무조건 틀린 말은 아니다. 그러나 이 정도에서 그치도록 하자.

덕과 절대권력은 앵글로색슨에게 양립할 수 없는 것인지도 모른다. 포베도노스체프(19-20세기의 러시아 법학자)는 영국 사회와 다른 유럽 여러 나라의 사회 기반을 비교해서 유럽은 공통의 이해를 토대로 만들어져 있는데, 영국 사회는 잘 발달된 독립심 강한 인격을 토대로 하고 있다고 말했다. 이 러시아 정치가는 유럽의 여러 나라, 특히 슬라브 민족의 나라에서 일종의 사회적인 합의, 궁극적으로는 국가의 목적에 대한 개인의 인격의 힘에 대해 말했다.

이것은 일본인에게 이중의 의미에서 진실이다. 군주가 권력을 자유롭게 행사하는 것은 일본인이 느끼기에 유럽에서처럼 억압이 느껴지지 않는다. 그뿐만 아니라 오히려 일반적으로 국민 감정에 대한 부성적 배려를 통한 부드러운 것이 느껴진다.

비스마르크(19세기의 독일 정치가)는 "절대주의는 첫번째로 지배하는 자에 대해 공평함, 정직함, 해야 할 것에 대한 헌신, 정력적 활동, 내적인 겸손을 요구한다"라고 말했다.

이 문제에 대해 또 하나 인용하고 싶은 것이 있다. 나는 코블렌츠에서 행해진 독일 황제 빌헬름 2세의 연설에서 다음과 같은 말을 인용하고 싶다: "신의 은총에 의해 주어진 왕권은 조물주에 대해서만 중대한 의무와 책임을 진다. 따라서 어떤 사람도, 어떤 신하도, 어떤 형식의 의회도 군주와 떨어져서 존재할 수가 없다."

'무사의 정'에 내재하는 인(仁)

인은 부드러워 어머니 같은 덕이다. 고결한 의와 엄격한 정의를 특히 남성적이라고 한다면 자애는 여성적인 성질인 부드러움과 치유력을 지니고 있다. 우리는 공정함과 의로 사물을 계량하지 않고 무턱대고 자애에 마음을 빼앗기지 말라는 가르침을 받았다. 다테 마사무네(伊達政宗)는 그에 대해 자주 언급하며 "의가 지나치면 굳어진다. 인이 지나치면 약해진다"라고 적확(的確)하게 표현했다.

다행히 자애가 아름다움으로 여겨졌던 시대가 그다지 드물지 않다. 왜냐하면 "가장 강한 자는 가장 유화적인 사람이며 사랑 있는 사람이 용감한 자"라는 것이 보편적인 진리로 여겨졌기 때문이다.

'무사의 정,' 즉 무사의 뛰어남은 우리 내에도 존재하는 일정의 고결한 것에 호소하는 울림을 지니고 있다. 이것은 사무라이의 자애가 다른 사람들이 지니고 있는 자애와 그 종류가 다르다는 말이 아니다. 그것은 사무라이의 자애가 맹목적 충동이 아니라 정의에 대한 적절한 배려를 인정하고 있다는 것을 의미한다. 또한 그 자애는 단순히 어떤 마음 상태를 가리키는 것이 아니라 살리거나 죽일 수 있는 힘을 배후에 지니고 있음을 의미한다.

경제학자가 어떤 수요에 대해 유효한지 유효하지 않은지에 대해 말하는 것처럼 우리 역시 무사의 자애가 유효한지를 따져 보자. 왜냐하면 무사의 자애는 수익자의 이익, 또는 손해를 초래할 수 있는 힘을 지니고 있기 때문이다.

무사는 그들의 무력이나 그것을 행사할 수 있는 특권을 가지는 그 자체에 자부심을 느끼는데, 그와 동시에 그들은 맹자의 사랑의 힘에 대한 가르침에 완전히 동의하고 있다:

"인이 불인을 이기는 것은 물이 불을 이기는 것과 같은 이치이며, 지금 인을 행하는 자는 한잔의 물로 수레 가득한 땔감의 불을 구하는 것과 같다."(《맹자》)

따라서 인의 마음을 지닌 것은 언제나 고통받고 있는 사람, 낙담하고 있는 사람을 마음에 두고 있는 것이다. 이처럼 맹자는 배려를 그 도덕철학의 기준으로 삼은 애덤 스미스보다 훨씬 오래 전에 그것에 대해 말했던 것이다.

한 나라의 무사가 지닌 명예의 기준이 어떻게 다른 나라의 그것과 밀접하게 연관되는가. 참으로 놀랄 만한 일이 아닐 수 없다. 다르게 표현하면 지독하게 비난받아 온 동양의 도덕 관념을 유럽 문학의 고상한 시구에서 찾아볼 수 있다:

> 패한 자에게 자애를, 오만한 자에게 좌절을, 평화를 세우는 것
> ——그것이 바로 너의 일이다.

이 유명한 한 구절을 일본 사람에게 보인다면 주저없이 이 만토

바의 시인 베르길리우스가 일본의 문학을 표절했다고 비난할 것이다.

잠시도 잊지 않는 타자에 대한 연민의 마음

약한 자와 열등한 자, 패한 자에 대한 인은 특히 사무라이에게 어울리는 덕목으로 여겨졌고 언제나 장려되었다. 일본 미술의 애호가라면 소의 등에 돌아앉아 타고 있는 한 승려의 그림을 잘 알고 있을 것이다. 그 승려의 이름은 예전에는 울던 아이도 울음을 그칠 정도로 유명했다.

일본의 전사(戰史)에서 가장 결정적인 싸움의 하나였던 스마(須磨)의 격전(1184)이 한창 벌어지고 있을 때 그(熊谷次郎直實)는 적을 혼자서 추적해 상대를 강한 팔로 붙잡았다. 이런 경우 싸움의 예의로 약한 쪽이 강한 쪽과 동등한 위치에 있거나 동등한 능력을 갖고 있지 않다면 한방울의 피도 흘려서는 안 된다. 이 막강한 무사는 상대의 이름을 알려고 했지만 상대가 그것을 거부했기 때문에 투구를 벗겼다.

그러자 투구 아래에 드러난 것은 아직 솜털이 보송보송한 소년의 얼굴이었다. 너무 놀라 붙잡고 있던 팔의 힘을 자기도 모르게 뺀 최고의 무사는 젊은 무사를 일으켜 세우고 아버지처럼 그 자리에서 떠나라고 명령했다.

"아름다운 젊은이여, 어머니의 곁으로 돌아가라. 구마가야(熊谷)의 칼을 너의 피로 물들이고 싶지 않다. 적에게 들키기 전에 빨리 도망쳐라."

그러나 그 젊은 무사는 떠나지 않겠다고 했다.

그뿐만 아니라 구마가야에게 두 사람의 명예를 위해 그 자리에서 자기의 목을 베어 달라고 부탁했다. 구마가야의 백발 위에서는 얼음처럼 차가운 칼날이 번뜩이고 있었다. 그 칼은 이제까지 수많은 생명의 현을 끊어 왔다. 그러나 구마가야의 강인한 마음은 황량했다. 그 순간 뇌리에 그의 아들 모습이 떠올랐다. 그 아들은 같은 날 처음으로 출전해 전장을 누비고 있었다.

무사의 강한 팔이 부들부들 떨렸다. 그리고 다시 한 번 무의미하게 희생당하지 말고 그 자리를 떠나 도망치라고 부탁했다. 그러나 젊은 무사는 "아무 말 말고 빨리 목을 베시오"라고 말할 뿐이었다.

마침내 아군의 군대가 구름처럼 밀려오는 소리가 들려왔다.

구마가야는 큰 소리로 외쳤다.

"지금 사방으로 도망치다가 이름 없는 사람의 손에 죽기보다 내가 손을 대는 것이 나중의 효도일지도 모른다." 젊은 무사의 극락왕생을 비는 염불과 함께 하얀 칼날이 일순 허공에서 춤추다가 아래로 내려왔을 때 그 칼날은 젊은 무사의 피로 붉게 물들었다. 전투가 끝나고 최고의 무사는 개선했다. 그러나 이미 그는 보상이나 공명에 마음을 두지 않았다. 구마가야는 빛나는 무훈을 지닌 군의 경력을 버리고 승려의 길을 택했다. 그리고 여생을 염불 행각에 바쳤으며, 서방정토를 간구했다.

서방은 태양이 하루의 휴식을 위해 쉬는 곳이지만 불교에서는 극락을 가리키는 말이다.

이 이야기는 만들어진 요소를 지니고 있다고 역사가로부터 비난받기 쉽다.

그러나 사실이 어쨌든 이 이야기는 너그러움·연민·자애가 사무라이의 피비린내나는 무용담을 특징짓는 것임을 보여 주고 있다. "쫓기는 새가 품에 들어왔을 때 사냥꾼도 이를 쏘지 않는다"라는 오래 된 속담이 있다.

이것은 그리스도교적인 적십자 운동이 얼마나 일본인 사이에 쉽게 뿌리 내렸는지를 설명해 주는 것이기도 하다. 제네바 조약 체결을 듣기 몇십 년 전에 이미 일본 최고의 대중작가인 다키자와 바킨(瀧澤馬琴)은 상처입은 적을 간호하는 것에 대해 말했다.

용맹스럽고 엄격한 훈련을 받은 사쓰마번[薩摩藩]조차도 젊은이들이 음악을 취미로 삼는 풍습이 널리 퍼져 있었다.

그 음악은 젊은이를 맹호처럼 행동하게 만드는 나팔이나 큰북의 울림이 아니다. 또한 '피를 용솟음치게 만들고 죽음을 선동하는 전조'도 아니다.

비파[7]에 맞춘 노래의 구슬프고 우아한 선율이 이들의 음악이었다. 이 선율은 혈기가 넘치는 마음을 가라앉히고 피비린내와 전쟁터에 대한 생각을 멀리하게 해주는 음악이었다.

폴리비오스[로마 시대의 그리스 역사가]는 아르카디아의 헌법에서는 30세 이하의 청년 모두가 음악을 배우라는 명령을 받았는데, 그것은 음악이 그 지방의 혹독한 기후에서 생길 수 있는 잔인성을 완화시키기 위한 것이라고 말했다. 그는 아르카디아의 산속에 있는 이 지방에서 잔혹함을 쉽게 찾아볼 수 없는 것은 음악 탓이라고 생각했다.

일본에서도 사쓰마번만이 무사 계급에 우아함을 고취시킨 것이 아니다. 시라카와 라쿠오[白河樂翁]가 써놓은 것 가운데 다음과 같은 것이 있다:

"베개와 어울리면서 어울리지 않는 것은 꽃의 향기, 먼 절의 종소리, 밤벌레 소리로 까닭 없이 슬프게 만든다."

"미워도 받아들여야 하는 것은 꽃바람, 달의 구름, 갑자기 다투는 사람으로 받아들일 수밖에 없다."

무사에게 시가를 읊도록 장려한 것은, 보다 고상한 감정을 겉으로 드러내고 내면에 그것을 축적하기 위해서였다. 따라서 일본의 시가에는 비애와 고상함이 밑바닥에 깔려 있다. 잘 알려져 있는 촌뜨기 사무라이의 일화가 이를 잘 설명해 준다.

이 사무라이는 하이쿠[俳句]를 지어 보라는 권유를 받았는데, 처음 그에게 주어진 제목은 '꾀꼬리[8]의 목소리'였다.

거친 성질을 가진 이 사무라이는 이 제목에 반감을 느끼고 선

생에게 다음과 같은 구절을 내밀었다:

무사는 휘파람새의 첫 소리를 듣는 귀를 따로 두는도다.

스승은 그 젊은이의 조야한 감성에도 놀라지 않고 사무라이를 계속해서 격려했다. 그리고 어느 날 그 사무라이의 마음에 잠들어 있던 감성이 눈을 뜨고 꾀꼬리의 감미로운 음색으로 노래하기 시작했다:

무사가 휘파람새의 소리를 듣고 일어나는구나.

그는 이렇게 읊었던 것이다.

K. T. 쾨르너(19세기의 독일 시인)는 전쟁에서 부상을 입고 누워 있을 때 유명한 《생명에 대한 고별》을 쓰기 시작했다. 우리는 쾨르너의 짧은 삶 속에서 이 영웅다운 일을 찬양하고 좋아한다. 이와 마찬가지의 일이 일본의 전쟁터에서도 드물지 않았다. 간결하고 경구적인 요소가 많이 들어가기 쉬운 일본의 시 형식은 소박한 감정을 즉흥적으로 읊는 데 매우 적합했다. 교육을 조금만 받아도 일본의 하이쿠를 지을 수 있었고, 그 애호가를 얻을 수 있었다. 전쟁터로 떠나는 무사가 걸음을 멈추고 허리에서 필묵을 꺼내 시를 짓는 일이 드물지 않았다. 그리고 이미 생명이 다한 무사의 투구나 가슴받이를 떼어내면 그 속에 시가 들어 있는 경우가 많았다.

전쟁의 공포 속에서도 타자에 대한 연민의 마음에 공헌한 것은 유럽에서는 그리스도교였지만 일본에서는 음악과 글에 대한 소양이었다. 고상한 감정을 키우는 것이 타자의 고통에 대한 배려의 기질을 키운다. 타자의 감정을 존중하는 것에서 생겨난 겸허함과 은근함이 '예(禮)'의 근원이다.

6

'예(禮)': 사람과 함께 기뻐하며 사람과 함께 운다

'예'라는 것은 사람에 대한 배려를 표현하는 것

외국인 여행자는 누구라도 일본인의 예의바름과 품성이 좋음을 알게 될 것이다. 품성이 좋은 것이 해치고 싶지 않다는 심려를 바탕한 예의 실천이라고 한다면 그것은 빈약한 덕행이다. 그러나 예라는 것은 타인의 기분에 대해 배려를 눈에 보이는 형태로 표현한 것이다.

그것은 사물의 도리를 당연한 것으로 존중하기 때문이다.

따라서 예에는 사회적인 지위를 당연한 것으로 존중하는 것이 포함되어 있다. 그러나 그것은 금전적인 지위의 차이를 나타내는 것이 아니다. 그것은 본래 실제 생활에서의 유리한 점에 대한 차이를 나타낸 것이다.

예의 가장 최고의 모습은 사랑에 가깝다. 우리는 경건한 기분을 가지고 예는 "오랜 고난을 견디고, 친절하게 사람을 무턱대고 선망하지 않으며, 자만하지 않고, 우쭐대지 않는다. 자기의 이익만을 챙기지 않고, 쉽게 사람들에게 휘둘리지 않으며, 나쁜 일을 도모하지 않는다"라고 말할 수 있다. B. 딘[20세기의 미국 동물학자] 교수는 인간의 성정에 대해 여섯 가지 요소를 말했는데, 그 가운데 예를 사회에서 가장 성숙된 과일로 다루었고 높은 지위를 부여한 것은 어쩌면 당연한 일이다.

나는 이처럼 예를 높게 평가하지만 여러 덕행 가운데에서 가장 앞에 두고 싶은 생각은 없다. 예를 분석해 보면 보다 높은 차원에 있는 다른 덕행과 연관되어 있음을 알 수 있다. 애초부터 고립된 덕행이라는 것이 존재하지 않는 까닭이다. 예는 무인 특유의 것으로 찬양되었고, 그에 상응한 가치 이상으로 평가되었다. 그러나 그 때문에 오히려 유사품이 존재하게 되었다.

공자 스스로도 그렇게 보이게 만드는 방법은, 음이 음악의 한 요소인 것과 마찬가지로 진실된 예의의 일부분에 지나지 않는다는 것을 몇 번이고 되풀이해서 말했다.

꾸민 예의를 사교에서 불가결한 것으로 보고, 청소년에게 바른 사회에서의 행동을 가르치기 위한 예의 체계가 만들어진 것이 당연하다고 생각되었다. 사람에게 인사할 때는 어떤 모습으로 해야 할지, 어떻게 걸으며 어떻게 앉아야 하는지 등이 세세한 규범과 함께 가르쳐졌고, 배웠다. 식사 예의는 학문에 이를 정도가 되었다.

차를 끓이거나 마시는 것도 의식으로까지 고양되었다. 교양이 있는 사람은 이들 모든 것을 당연한 것으로 몸에 지녀야 했다. 베블런[9]은 그의 흥미로운 저작 속에서 예의는 "유한 계급의 산물이며 그 견본이다"라고 제대로 짚어냈다.

예를 지키기 위한 도덕적인 훈련

나는 유럽 사람들이 우리의 신중한 예절에 대해 경멸적인 말로 표현한 것을 들은 적이 있다. 그들의 비판은 그와 같은 예절이 우리의 사고력을 박탈하고, 그런 면에서 예절을 엄격하게 지키는 것이 바보스럽게 보인다는 것이었다. 예절에 불필요한 것이 확실히 있음을 나도 인정한다.

그러나 서양에서 끊임없이 변하는 유행에 집착하는 것이 매우 바보스러운 것과 마찬가지로 우리의 예절이 바보스러운 면을 지니고 있는지 어떤지에 대해서는 아직 분명하지 않은 의문으로 남아 있다. 나는 유행이라는 것이 허무한 변덕이라고 생각지 않는다. 그와 반대로 유행이라고 하는 것은 아름다움을 추구하는 인간이 지닌 마음의 끊임없는 탐구 그 자체로 여기고 있다. 따라서 꾸민 예의라도 지킬 필요가 없다고는 생각지 않는다.

왜냐하면 그것은 오랜 세월 동안 일정한 결과를 얻기 위한 가장 적절한 방법을 찾기 위해 실험해 온 결과물이기 때문이다.

만약 뭔가 해야 할 것이 있다면, 그것은 이루기 위한 최선의 방법이 반드시 존재하기 마련이다. 그리고 최선의 방법이란 가장 손실이 적고 가장 고상한 것이다.

H. 스펜서(19세기의 영국 철학자)는 "기품은 가장 손실이 적은 훌륭한 행동이다"라고 정의했다.

다도(茶道) 모임에서는 찻잔, 찻순가락, 다포(茶布)를 다루는 일정한 순서를 가르친다. 그것은 초심자에게 지루하게 생각될 수도 있다. 그러나 얼마 지나지 않아 그들은 정해진 순서가 결국은 시간과 수고를 덜어 주는 최상의 방법임을 발견하게 된다. 다시 말해서 가장 손실이 적은 방법이 스펜서의 표현을 빌리면 가장 고상한 방법임을 발견하게 되는 것이다.

사교를 위한 예의의 정신적인 의의는 무엇일까. 《의상철학》의 말을 빌리면 예의나 의식은 정신적인 수양의 외피에 지나지 않는다. 그런데 그 의의는 우리에게 겉모습에 의해 믿고 있는 것보다 훨씬 크다.

나는 스펜서의 예를 통해서 우리의 예의와 의식을 만들어 낸 그 기원과 도덕적인 계기를 우리의 의식 속에서 찾아볼 수 있다. 그러나 그것은 내가 이 책에서 거론해야 할 주제가 아니다. 내가 강조하고 싶은 것은 예의 엄격한 준수에 수반되는 도덕적인 훈련이다.

우아한 예절은 내부에 힘을 축적시킨다

나는 예의범절이 세부적으로 정성스럽게 만들어졌고, 거기에 다른 체계를 주장하는 유파가 파생된다고 말했다. 그러나 그것은 모든 근본적인 본질의 하나다. 여기에 대해 예의의 가장 유명한 유파의 뛰어난 인물인 오가사하라 기요타카〔小笠原淸務〕는 다음과 같이 말했다:

"모든 예의의 목적은 정신을 단련하기 위한 것이다. 마음을 편안히 해서 앉아 있을 때는 흉악한 악당도 문제를 일으키지 않는다고 말하는데, 거기까지 마음을 연마하는 것이다."

그것은 다른 말로 표현하면 올바른 방법으로 매일 끊임없이 연마하면 신체의 모든 부분과 기능에 틀림없이 질서가 생기고, 신체를 환경에 조화시켜 정신의 통제가 몸 속에서 일어날 수 있음을 의미한다.

프랑스어의 비앵세앙스(bienséance)[10]는 얼마나 참신하고 깊은 뜻을 지니고 있는 말인가.

기품이 손실을 줄이는 방법이라는 말이 진실이라고 하면, 논리적으로 생각할 때 우아한 예절을 끊임없이 실천하게 되면 여분의 힘을 내부에 축적할 수 있다. 훌륭한 예의는 휴지 상태에 있는 힘을 의미한다. 야만적인 갈리아인이 로마를 약탈했을 때 회의가 열리고 있는 원로원으로 들어가 원로의 수염을 무례하게 잡아당긴 사건이 있었다. 그 상황에서 우리는 원로에게 위엄과 강한 힘이 없었기 때문에 그런 일이 벌어졌으므로 원로에게도 일말의 책임이 있다고 생각한다.

그렇다면 예법을 통해서 진정으로 높은 정신적 경지에 도달할 수가 있을까.

도달하지 않으면 안 된다. "모든 길은 로마로 통한다"인 것이다.

가장 단순한 것이 어떻게 해서 예도(藝道)로 대성되고 정신적 수양이 되는가 하는 증거로 찻물을 들어 보자. 멋진 예술로서의 다도가 그렇다.

모래사장에 그림을 그리며 노는 아이들이나 바위에 조각하는 미개인 중에서 라파엘로나 미켈란젤로와 같은 예술가의 소질이 싹트고 있었다. 따라서 힌두교 은둔자의 명상에 수반되어 시작된 다도의 풍습은 종교와 도덕의 시녀로까지 발전할 자질을 충분히 지니고 있었다. 다도의 기본인 마음의 평정, 감정의 온화함, 침착한 행동거지는 분명히 진지한 사고와 솔직한 감정의 첫번째 조건이다.

속세의 소란에서 멀리 떨어진 먼지 하나 없는 다실(茶室)의 청결함은, 그 자체로 우리의 사고를 속세로부터 멀리 떠나도록 도와준다. 간소한 실내에는 서양의 거실에 장식되어 있는 많은 명화나 골동품처럼 사람의 눈을 빼앗는 것이 없다. 족자는 색채의 아름다움보다 구도의 우아함을 위한 것이다. 취미의 세련됨을 한껏 높이는 것이 다도의 목적이다. 여기에 반해 장식류는 종교적인 혐오감 때문에 밀려난다.

전란이나 전투의 소문이 끊이지 않은 시대에 명상적인 은둔자에 의한 다도가 크게 발전했다고 하는 것은, 그것이 시대의 위안 이상의 의미를 지니고 있었음을 알게 해준다.

다도에 참가하는 사람들은 다실의 조용한 공간으로 들어가기 전에 몸에 묻어 있는 전쟁의 잔혹함이나 정치적인 사소한 일들을 버려야 한다.

그리고 다실 속에서 평온과 붕우(朋友)의 마음을 찾아낸다.

예의는 우아한 감수성으로 나타난다

다도는 의식 이상의 것이다. 그것은 예술이다. 또한 시이기도 하고, 리듬을 만드는 이치정연한 동작이기도 하다. 그것은 정신 수양의 실천 방식이다. 다도가 지닌 최고의 가치는 이 마지막의 의미에 있다. 다도 애호가의 마음속에는 위의 것과 다른 것에 사로잡히는 경우가 적지 않다. 그러나 그것은 다도의 본질이 정신적인 것이 아니라는 것을 의미하는 것은 아니다.

예의는 행동에 우아함을 더하는 것에 불과하기도 하지만 훌륭한 귀중품임은 분명하다. 그러나 예의의 작용은 거기에 머무르지 않는다.

왜냐하면 예의는 자애와 겸손이라는 동기에서 유발되어 타인의 감정에 대한 우아함을 통해 행해지기 때문에 언제나 우아한 감수성으로 나타난다. 예의 필요조건은 울고 있는 사람과 함께 울고, 즐거워하고 있는 사람과 함께 즐거워하는 것이다. 이처럼 교훈적인 필요조건이 일상 생활의 세세한 데까지 미치게 되면, 사람들의 주의를 그다지 끌지 않는 사소한 행위에서 나타나게 된다. 만일 사람들이 알아차리더라도 그것은 일본에서 20년을 살고 있다는 여성 선교사가 내게 했던 말처럼 "너무 이상해요"라는 것일 뿐이다.

그늘이 없는 뜨거운 하늘 아래에 당신이 서 있다고 가정하자. 평소에 안면이 있는 일본인이 그곳을 지나간다. 당신이 그에게 말을 걸면 그는 그 자리에서 모자를 벗는다.

여기까지는 매우 자연스러운 일이다. 그러나 '매우 이상한' 것은 그가 양산까지 접고 당신과 마찬가지로 뜨거운 태양 아래 서 있다는 점이다.

얼마나 바보스러운 일인가. 사실 그렇다. 그러나 그의 동기는 "당신은 뜨거운 태양 아래에 서 있고, 나는 그 사실을 동정한다. 만약 내가 갖고 있는 양산이 두 사람을 씌울 수 있을 정도로 크거나 내가 당신과 매우 친밀해서 기꺼이 양산 아래로 들어올 수 있다면 상관없지만, 지금 당신과 나의 관계가 그렇지 않기 때문에 나는 당신의 불편함을 함께 나눕니다"라는 의미를 지니고 있다. 이렇게 이해하지 않으면 이 상황은 정말로 이상한 것이 되고 만다.

이와 마찬가지로, 또는 보다 사소한 해학적인 행위가 적지 않다. 그것들은 단순한 행위나 습관이 아니다. 그것들은 타인의 안락함을 배려한 깊은 감정의 '체현화(體現化)'이다.

또 하나 말해 둘 것은 '매우 이상한' 관습은 우리 예의의 기준에 의해 결정되어 있는 것이다. 그렇지만 일본에 관한 많은 표면적인 저술을 하는 사람들은 그것을 일본인의 일반적으로 이중적인 생각의 습성이라고 정리하고 있다.

이 이중적인 생각의 습성을 보고 들은 외국인이라면 그와 같은 경우에 당연히 나쁜 것을 기억하게 될 것이다.

미국에서는 선물을 할 때 주는 쪽은 받는 사람에게 그 선물을 자랑한다.

그러나 일본에서는 그 선물의 가치를 가볍게 말하거나 별것 아니라고 비하시킨다. 미국인의 마음은 이와 같은 경우 "이 물건은 매우 좋은 것입니다. 만약 좋은 물건이 아니라면 당신에게 드릴 생각도 하지 못했을 겁니다. 좋지 않은 물건을 선물하는 것은 당신을 모욕하는 일이니까요"라고 말할 것이다.

여기에 대해 일본인의 논리는 다음과 같다:

"당신은 훌륭하신 분입니다. 따라서 어떤 훌륭한 선물도 당신에게는 어울리지 않겠지요. 당신에게 드리는 선물은 우리가 나타낼 수 있는 감사의 표시 정도입니다. 이 선물을 물건의 가치가 아니라 우리 마음의 표현으로 받아 주십시오. 최상의 물건이라도 당신에게 어울린다고 말하는 것은 당신의 품격에 해를 입히고 모욕하는 일이겠지요."

이 두 가지 생각을 나란히 놓고 보면 결국 생각은 동일하다. 둘 다 '매우 이상한' 일은 없다. 미국인은 선물에 대해 말하고, 일본인은 선물을 하는 마음에 대해 말할 뿐이다.

그것은 행동거지 하나하나에 일본인의 예의의 감각이 담겨 있기 때문이다. 그 속의 사소한 일을 전형으로 삼아 일반화해서 원리 그 자체를 판단하는 것은 잘못된 추론이다.

식사를 할 때와 식사의 예법을 준수하는 것은 모두 중요하다.

중국의 현인인 맹자는 이렇게 말했다:

"식(食)을 중히 여기는 것과 예를 가볍게 여기는 것을 비교해 보면 어찌 식만 중히 여길 수 있겠는가." "쇠가 깃털보다 무겁다는 것이 어찌 한 갈고리의 쇠와 한 수레의 깃털을 이르는 것이겠는가."(《맹자》)

한 치 두께의 나뭇조각을 절의 탑 위에 세워도 그것이 절보다 높다고 말하는 사람은 없다.

"진실을 말하는 것과 예의바른 것 가운데 어느것이 더 중요한가"라는 질문에 대해 일본인은 미국인과 반대의 대답을 한다고들 한다.

그러나 이것에 대해서는 내가 정직함과 성실함에 대해 말하기 전까지 그 비판을 미루기로 한다.

7

'성(誠)': 왜 무사는 두말을 하지 않는가

진정한 사무라이는 '성(誠)'을 숭상한다

진실성과 성의가 없으면 예는 광대나 유사품으로 전락하고 만다. 다테 마사무네는 "도가 지나친 예는 이미 속임수다"라고 말했다.

"마음으로 참된 길을 이루게 해달라고 기도하지 않아도 신이 준다."

이 노래를 읊은 옛 시인에게는 폴로니우스(셰익스피어의 《햄릿》에 나오는 인물)를 넘어서는 부분이 있다.

공자는 《중용》에서 성을 우러르면서 초월적인 힘을 성에 부여하고 신과 동격에 놓았다. 즉 "성이라는 것은 만물의 시작과 끝이다. 성 없이는 사물이 없다"라고 말했다. 그리고 공자가 열심히 말한 것에 따르면 성은 다음과 같은 것이다: 먼저 지성은 넓고 깊이가 있지만 먼 미래와 연관되는 성질을 지니고 있다. 그리고 의식적인 움직임 없이 상대를 변화시키고, 의식적인 작용 없이 스스로 목적을 달성할 수 있는 힘을 지니고 있다.

'언(言)'과 '성(成)'을 합쳐서 만든 성(誠)이라는 표의문자의 조합을 생각해 보면, 우리는 신플라톤주의의 로고스설과 비교하고 싶어진다. 공자는 그 비범한 신비주의적 비상으로 그와 같은 높은 곳까지 도달했던 것이다.

거짓말을 하는 것 또는 속임수는 마찬가지로 겁쟁이로 여겼다. 무사는 자기들의 높은 사회적 신분이 상인이나 농민보다도 높은 성의 수준을 요구한다고 생각했다. '무사의 한마디' 또는 독일어로 이 말과 동의어인 '리테르보르트(Ritterwort)'는 단언한 것이 진실이라는 것을 충분히 보증한 것이었다.

이와 같은 말처럼 무사의 말은 무게를 갖고 있는 것으로 생각했고, 약속은 거창한 문서 없이 정해지고 실행되었다. 오히려 증빙 문서는 무사의 체면과 관계가 있다고 생각했다. '두말,' 즉 두 혀 때문에 죽음으로 죄를 보상한 무사의 장렬한 이야기가 수도 없이 많이 전해진다.

'서약하지 말라'는 그리스도의 분명한 가르침을 끊임없이 어기고 있는 많은 그리스도교도와 달리 참된 사무라이는 성을 높이 숭상했다. 그 때문에 서약하는 것을 자기의 명예에 해를 끼친다고 생각했다.

물론 나는 그들이 많은 신들의 이름을 걸고 서약하거나, 칼에 서약하는 것을 잘 알고 있다. 그러나 그들이 서약하는 말은 결코 장난스런 형식이나 야단스러운 기도로까지 추락하지 않았다. 때로 그 말을 보강하기 위해 말 그대로 혈판을 찍는 일이 있었다. 이와 같은 행위의 설명으로는 독자에게 그저 J. W. 괴테의 《파우스트》를 참고하라는 말에서 그치고 싶다.

근래에 어느 미국의 저술가는 다음과 같은 소신을 밝혔다: "만약 보통의 일본인에게 거짓말을 하는 것과 무례를 범하는 것 가운데 어느 편이 나은지를 물으면 주저없이 '거짓말을 하는 것'이라고 대답할 것이다."

이렇게 말한 피리 박사[11]는 부분적으로는 옳고, 다른 부분에서는 잘못을 범한 것이다. 옳은 점은 보통의 일본인, 아니 사무라이조차도 그가 말한 것과 동일하게 말할 것이라는 점이다. 잘못을 범한 부분은 그가 '거짓말'이라는 일본어를 'falsehood'로 번역했고, 그 말에 너무 무게를 실었다는 점이다.

'거짓말'이라는 일본어는 진실(誠)이 아니라는 것, 또는 진짜가 아니라는 것을 모두 가리키기 위해 사용되는 말이다. J. R. 로웰 [19세기의 미국 시인]은 "W. 워즈워스[18-19세기의 영국 시인]는 진실과 사실을 구별하지 못했다"라고 말했는데, 이 점에서 일본인은 워즈워스와 다를 것이 없다.

일본인 또는 몇몇 교양 있는 미국인에게 그 사람이 당신을 싫어하고 있다거나, 그 사람이 위가 나쁜지를 물어보라. 그 사람은 망설임 없이 거짓말로 "아니오, 당신을 매우 좋아합니다"라든지, "위가 매우 좋습니다"라고 대답할 것이다. 그러나 단지 예의를 지키기 위해 진실을 희생하는 경우 '허례'나 '감언에 의한 기만'이라고 여겼다.

무사도와 상도(商道)는 어떻게 다른가

나는 지금 이미 결론처럼 무사도의 성의 이념에 대해 말하고 있다. 그러나 여기에서 일본의 상도에 대해 살펴보고 싶다. 왜냐하면 내가 외국의 책과 잡지에서 정말로 많은 불평불만을 들었기 때문이다.

일본인의 평판에서 적당한 상업도덕이라는 악명은 최대의 오점이다. 그러나 그것을 비난하거나 그 사실을 통해 일본인 전체를 성급하게 이해하기 전에 제대로 된 연구를 하는 것이 좋을 듯하다. 그렇게 하면 앞으로 우리는 일본인에 대한 비난을 누그러뜨릴 수가 있을 것이기 때문이다.

세상의 많은 훌륭한 직업 가운데 상인과 무사만큼 서로 동떨어진 직업은 없다. 상인은 사회적 신분 계층으로는 사농공상의 최하위에 처해 있다. 사무라이는 토지에서 그 녹을 얻으며, 만약 그렇게 하고 싶으면 텃밭을 가꿀 수도 있었다. 그러나 돈을 세는 것과 주판은 철저하게 기피했다.

우리는 이 사회 계급의 서열에 내재하고 있는 지혜를 알고 있다. 몽테스키외는 귀족을 상업으로부터 배제하는 것은 권력자에게 부를 집중시키지 않기 위한 훌륭한 정책이라고 언명했다. 권력과 부의 분리는 부의 분배를 보다 평등하게 하는 데 도움이 된다. 《서로마 제국 최후의 로마 사회》의 저자인 딜(19-20세기의 영국 고전학자) 교수는 로마 제국이 쇠퇴하게 된 원인의 하나가 귀족이 상업에 종사하는 것을 허가했고, 그로 인해 몇 명의 원로와 그 가족이 부와 권력을 독점했기 때문이라고 밝힌 적이 있다.

이상과 같은 제약이 있었기 때문에 일본은 봉건제 아래에서도 상업이 자유로운 상황에 놓여 있었다면 도달할 수 있을 정도의 발전을 이루지 못했다. 상업에 대한 경멸의 관념은 저절로 세상의 여론 등에 신경 쓰지 않는 무뢰배를 불러모았다.

"어떤 사람을 도둑이라고 하면 그는 훔칠 것이다." 한 직업을 경멸적으로 말하면 그 직업에 종사하는 사람들은 그들의 도덕을 거기에 맞출 것이다. 휴 블랙이 말한 것처럼 "정상적인 양심은 그에 대해 요구되는 곳까지 상승하고, 그에 대해 기대된 수준의 한계까지 재빨리 내려간다"라는 것은 자명한 일이다.

상업이 되었든 다른 어떤 직업이 되었든 정해진 도덕률이 없고서는 거래가 되지 않을 것은 불을 보듯 뻔한 일이다.

봉건 시대의 일본의 상인은 자기들만의 도덕률을 지니고 있었다. 그렇지 않았다면 발전의 정도가 미숙하다고 해도 주식 중개·환전·증권 거래·수표·외환 거래 등과 같은 기본적인 상업제도를 발전시킬 수 없었을 것이다. 그러나 그들의 직업 이외의 사람들과의 관계에서는 상인들에게 주어진 신분에 어울리는 관계를 유지했다.

사정이 이렇기 때문에 일본이 개국해서 외국과 무역을 시작했을 때 기회만 있으면 한탕을 노리는 무절제한 무리들이 항구로 모여들었다. 한편 독실한 상업 가문은 항구에 지점을 열게 해달라고 막부에 몇 번이고 요청을 했을 뿐이다. 그렇다면 무사도는 이 시대에 상업의 불명예스러운 조류를 막는 데 무력했었을까? 여기에 대해 살펴보자.

성(誠)이란 실제 이익이 있는 덕행

일본사를 잘 알고 있는 사람들이라면 외국 무역을 위해 개항이 이루어진 지 몇 년 후에 봉건제도가 무너진 사실을 알 것이다. 그와 동시에 사무라이의 봉록이 몰수되고, 그 보상으로 공채가 발행되었을 때 그들은 공채로 얻은 자금을 상거래에 자유롭게 투자할 수 있는 권리가 있었다.

여기서 독자는 "그들은 왜 그 멋지고 스스로 자긍심을 갖고 있었던 성을 새로운 사업에 적용시켜 나쁜 악폐를 바로잡지 않았는가"라고 물을 것이다. 그러나 대부분의 청렴결백한 사무라이들은 능수능란한 하층 계급을 상대로 빈틈없는 장사를 할 수 있는 능력을 지니고 있지 못했다. 상업과 공업이라는 낯선 새로운 분야에서 그들은 돌이킬 수 없을 정도로 큰 실패를 맛보았다.

그들의 운명을 지켜보는 사람들은 울고 싶어도 울지 못했고, 마음 있는 사람은 동정하면서도 어쩔 수 없었다. 미국과 같은 산업국가에서도 실업가의 80퍼센트가 실패를 경험했다. 따라서 사무라이 가운데 상업에 손을 댄 사람은 1백 명에 한 명 정도가 새로운 사업에서 성공을 거두었다고 해도 이상한 일이 아니다.

무사도의 도덕을 사업의 운영에 통용하려고 그렇게 많은 자산이 소멸되었다는 것을 인정하기 위해서는 아직 시간이 더 필요할 듯하다. 그러나 통찰력이 예리한 사람은 부의 길이 명예의 길이 아님을 빨리 깨달았다. 그렇다면 이 두 가지 길이 어떻게 다른 것일까.

W. E. H. 레키(19세기의 영국 역사가)는 성이 작용하는 세 요소를 거론했다: 산업·정치·철학이 그것이다. 첫번째 산업에서는

무사도가 존재할 수 없다. 두번째 정치에 관해서는 봉건제 아래에서 많은 발전을 할 수가 없었다. 그리고 정직함이 덕목 가운데 높은 지위를 얻은 것은 철학적인, 그리고 레키가 말한 것처럼 그 최고의 표현에 의해서였다.

앵글로색슨족의 높은 상업도덕에 대해 사심 없는 경의를 품고, 그 근거를 탐구한 적이 있다. 그 대답은 정직은 이익이 된다. 즉 '정직이 최고의 책략'이라는 것이다. 그렇게 말하면 이 덕목은 그 스스로 '대가'가 아닐까. 그렇다면 정직함을 지키는 것은 거짓말을 하는 것보다 많은 돈을 벌기 위한 일이 된다. 정직이 돈이 되기 때문에 이 덕목을 지킨다고 하면, 나는 무사도가 오히려 거짓말에 빠지게 되는 것은 아닐까라고 생각하게 된다.

무사도가 '눈에는 눈'이라고 말하는 '보상의 원리'를 부정하는 것이라면 빈틈없는 상인들은 희희낙락하면서 그것을 수용할 것이다.

레키가 "성은 상업과 공업에 그 성장의 빚을 지고 있다"라고 말한 것은 참으로 옳은 말이다. 즉 니체가 말한 것처럼 정직은 여러 가지 덕목 가운데 가장 젊은 덕이다. 다른 말로 표현하면 그것은 근대 산업의 양자이다. 근대 산업이라는 어머니가 없다면 성은 가장 높은 교양을 가진 사람들의 마음만을 양자로 키워야 하는 명문 태생의 고아와 같은 것이다. 그런 마음은 사무라이라면 누구나 지니고 있는 것이었다. 그러나 보다 민주적이고 실리적인 계모가 없었다면 이 허약한 유아를 장부로 키워내기가 불가능했을 것이다.

산업이 발달하면서 성은 실천하기 쉬운, 그리고 오히려 실제 이익이 있는 덕행임이 밝혀졌다. 비스마르크가 독일의 재외 영사에 훈령을 보내 "독일 선박이 선적한 짐에는 분명히 질과 양의 두 측면에서 볼 때 '중대한' 신뢰도의 결격 사항이 있다"라는 것을 경고한 것은, 그리 오래 되지 않은 1880년 11월이었다는 점을 생각해 보면 좋을 것이다. 오늘날 우리는 상거래에서 독일의 부주의나 불공정에 대해 들은 적이 별로 없다. 약 20년 사이에 독일 상인들은 결국 정직이 이익이 된다는 것을 배운 것이다. 그리고 이미 일본 상인들도 그것을 배우고 있다.

한편 나는 독자에게 이 점에 대해 적절한 고려가 이루어진 최근에 간행된 두 권의 책을 소개하려고 한다.[12]

이와 연관해서 상인인 채무자에게도 성의와 명예가 약속어음의 형태로 제출할 수 있는 가장 확실한 보증이라는 것을 서술한 것도 흥미로운 일이다. "은혜를 입고 갚는 것을 게을리해서 많은 사람들 앞에서 웃음거리가 되어도 어쩔 수 없다"라든가, "상환을 못 하는 사람은 바보라고 조롱받아 마땅하다"라는 말은 아주 일상적으로 행해지던 말이었다.

나는 가끔 무사도의 성이 용기 이상의 높은 동기를 가지는지 어떤지에 대해 생각했다. 거짓 증언을 하는 것에 대해 어떤 적극적인 징계가 없는 상황에서 거짓말을 하는 것은 죄악으로 인정되지 않았다. 오히려 연약하다는 비판을 받았다. 그리고 연약함은 큰 불명예였다.

실제로 정직의 관념은 명예와 나뉘어 혼합되어 있다. '정직'의 라틴어와 독일어 어원은 '명예'와 일치한다. 이쯤에서 슬슬 무사도의 명예관을 고찰할 때가 되었다.

8

'명예' : 고통과 시련을 견디기 위해

불명예는 그 사람을 크게 키운다

명예라는 감각은 개인의 존경과 뚜렷한 가치 의식을 포함하고 있다. 명예는 무사 계급이 의무와 특권을 중하게 여기는 것처럼 어릴 때부터 배워온 사무라이의 특색을 이루는 것이다.

오늘날 honour의 번역어인 '명예'라는 말은 자유롭게 사용되지는 않았다. 그러나 그 관념은 '이름' '면목' '소문' 등의 말로 표현되었다. 이들은 각각 성서에서 사용하고 있는 '이름,' 그리스의 가면극에서 생긴 '인격' '명성'을 연상시킨다.

이름이 높은 사람의 명성, 그것은 "사람을 사람답게 만드는 부분, 그리고 그것을 빼고 나면 남는 것은 수성(獸性)밖에 없다"라는 생각은 지극히 당연하다고 생각된다. 이와 같은 고결함에 대한 그 어떤 침해도 창피로 여겼다. 그리고 '염치'라는 감성을 중요시하는 것은, 그들의 유소년 때의 교육에서도 가장 먼저 이루어졌기 때문이다.

"사람들에게 웃음거리가 되었어" "체면을 지켜라" "창피하지도 않느냐" 등의 말은 잘못을 저지른 소년의 행동을 바로잡는 최후의 방편이다. 아들이 어머니의 태내에 있는 동안에 그 마음이 흡사 명예에 의해 양육된 것처럼 그 명예에 호소하는 방법은 아이에게 있는 마음의 거문고 줄을 건드리는 것이다. 왜냐하면 명예는 강한 가족 의식과 연관되어 있기 때문에 참된 의미에서는 출생 이

전부터 영향을 받고 있다고 말할 수 있다.

H. 발자크(19세기의 프랑스 소설가)는 "가족의 약속이 사라지면 그 사회는 몽테스키외(17-18세기의 프랑스 사상가)가 이름 붙인 명예라는 근본적인 힘을 잃는 것이다"라고 말했다.

나는 염치가 인류의 도덕 의식의 출발점이라고 생각한다. '금단의 열매'를 입에 댔기 때문에 인간이 받아야 할 최초이며 최후의 벌은 아이를 낳는 것도 아니고, 형극의 고통도 아니다. 나에게 그것을 말하라면 나는 수치심이라는 감각의 자각이라고 말하겠다.

인류 최초의 어머니가 가슴을 진정시키지 못하고 부들부들 떨리는 손으로 우울에 빠진 남편이 가지고 온 무화과 나무의 잎을 얽고 있는 그 광경만큼 비애로 가득한 사건은 그 이전까지의 역사에서는 볼 수 없었을 것이다. 이 불순종의 첫번째 열매는 다른 어떤 것보다도 우리에게 찰싹 붙어 떨어지지 않는다. 인류가 아무리 뛰어난 재봉 기술을 가지고 있다고 하더라도 우리의 수치심을 효과적으로 덮을 수 있는 에이프런을 아직까지 만들어 내지 못하고 있다.

어느 사무라이(新井白石)가 어릴 때 받았던 약간의 부끄러움이 그 인격을 손상시키지 않았다는 것은 옳다. 왜냐하면 그는 "불명예는 나무에 난 상처와 같아서 때로는 그것이 지워지지 않지만, 나무를 크게 키워 주기 때문이다"라고 바르게 말했기 때문이다.

T. 칼라일(19세기의 영국 비평가)이 "수치는 모든 덕, 훌륭한 행위, 뛰어난 도덕의 토양이다"라고 말했는데, 이전에 이미 맹자는 그것을 지적하고 가르쳤다.

일본의 문학은 셰익스피어가 노포크 백작의 입을 통해 말하게 할 정도의 웅변은 아니지만, 그럼에도 불구하고 수치에 대한 공포는 매우 큰 존재였다.

그것은 모든 사무라이의 머리 위에 다모클레스의 검처럼 매달려 있어서 종종 병적인 기질을 띠기까지 했다. 명예라는 이름 아래에서 무사도의 정신에서 허용되지 않는 행위가 저질러지기도 했다. 하찮은 이유라기보다 모욕을 받았다는 망상에서 성격이 급하고 교만한 무리들은 화를 내고 칼을 뽑았다. 그리고 별의미 없는 살상이 일어나고, 많은 죄없는 사람들의 생명이 사라졌다.

어느 마을 사람이 무사의 등에 벼룩이 있는 것을 보고 호의를 가지고 그 사실을 알려 주었다. 그런데 그 무사는 "벼룩은 짐승에게 기생하는 것이다. 고귀한 무사를 짐승 취급하다니 참을 수 없는 모욕이다"라고 너무나도 단순하고 어처구니없는 이유로 그 마을 사람을 베었다.

이런 종류의 이야기는 너무나 어이가 없어서 믿기가 어렵다. 그러나 이런 이야기가 세상에 유포된 것은 다음과 같은 세 가지 이유 때문이라고 생각된다:

1) 이와 같은 이야기는 마을 사람이나 백성을 억압했기 때문에 생긴 것이다.
2) 사무라이의 명예라는 특권을 빗대어 만들어진 악습이다.
3) 사무라이들 사이에서 수치를 알아야 한다는 상한 감정이 떠돌고 있었다.

비정상적인 예를 들어서 그 가르침에 비난을 가하는 것은 매우 비상식적인 일이다. 그와 같은 태도는 그리스도의 진실된 가르침을 그 광신과 과격의 산물인 종교재판과 위선 행위로 판단하는 것과 다를 것이 없다. 그러나 종교의 편집광에는 주정뱅이의 술에 취한 상태와 비교해서 마음을 움직이는 고귀한 무엇인가가 있다.

무사도는 왜 극도의 인내를 요구했는가

마찬가지로 명예에 대한 사무라이의 극단적인 감각에서 우리는 향기로운 덕의 소지를 인정할 수 있다.

명예의 섬세한 마음가짐이 해이해지기 쉬운 병적인 상태는 관용과 인내로 상쇄시킬 수 있다. 사소한 도발에 화를 내는 것은 '성격이 급하다'라고 조소를 당한다.

자주 말해지는 격언 가운데 '할 수 없는 인내, 해야 하는 인내'라는 것이 있다. 위대한 인물이었던 도쿠가와 이에야스〔德川家康〕는 후세의 사람들에게 "사람의 일생은 무거운 짐을 지고 가는 것과 같다. 서둘러서는 안 된다. 인내는 무사히 오래 버티는 것이다……. 자기 탓으로 삼고 남의 탓으로 삼지 마라"고 말했다. 이에야스는 자기가 말한 것을 자기 삶을 통해 증명했다.

어느 사람은 일본의 잘 알려진 세 인물을 거론하며 그 특징을 제대로 전했다:

오다 노부나가〔織田信長〕는 "울지 않는 새가 있으면 죽여라." 도요토미 히데요시〔豊臣秀吉〕는 "울지 않는 새가 있으면 울게 만들어라." 그리고 도쿠가와 이에야스는 "울지 않는 새가 있으면 울 때까지 기다려라"고.

인내와 참을성은 맹자에 의해서도 높은 평가를 받았다:

"너는 너이고 나는 나이니 비록 내 곁에서 어깨를 드러내고 몸을 드러낸들 네 어찌 나를 더럽힐 것이냐."(《맹자》)

네가 비록 내 옆에서 벌거벗는 무례한 태도를 취하더라도 그것은 네가 무례한 행동을 한 것에 지나지 않는다는 의미다. 또한 하찮은 모욕에 화를 내는 것은 뛰어난 사람에게는 어울리지 않지만 대의를 위한 의분은 정당한 분노임을 가르치고 있는 것이다.

무사도가 무턱대고 다투지 않는 극도의 인내에 도달한 것에 대해서는 무사도를 신봉하는 사람들의 말 속에서 찾아볼 수 있다.

예를 들어 오가와〔小河立所〕는 "사람의 무고에 화를 내지 말고 자기의 믿음 없음을 생각하라"고 말했고, 구마자와 반잔〔熊澤蕃山〕은 "사람은 책망하면 할수록 책망하고, 화를 내면 낼수록 분노하며, 분노와 욕심을 버리면 항상 마음이 즐겁다"라고 말했다.

게다가 또 하나의 예를 "창피도 가만히 앉아 있는 것을 창피하

게 여긴다"라는 것을 항상 염두에 두고 있었던 사이고〔西鄕南洲〕의 유훈을 인용해 보자:

"도는 천지 자연의 것으로, 사람은 이를 행하며 하늘을 공경하는 것을 목적으로 삼게 된다. 하늘은 사람과 나를 동일하게 사랑하며, 나를 사랑하는 마음으로 사람을 사랑한다."

"사람을 상대로 하지 말고, 하늘을 상대하라. 하늘을 상대로 해서 스스로 최선을 다하고, 남 탓을 하지 않으며, 나의 성(誠) 없음을 물어야 한다."

이런 말들은 우리에게 그리스도교의 교훈을 연상시킨다. 그리고 실천적인 도덕에서는 자연 종교가 어느 정도 계시 종교에 가까운지를 보여 준다. 이들 언설은 단순히 말로만 말해지는 것이 아니라 실제로 행동에 의해 체현되었던 것이다.

명예는 이 세상에서 '최고의 선'이다

관용과 인내·관대의 경지의 숭고함에 도달한 사람은 극히 드물다. 이것은 알고 있어야 한다. 명예를 형태짓는 것이 도대체 무엇인지. 여기에 대해 명백하게 일반화된 것을 하나도 말할 수 없다는 것은 안타까운 일이다. 명예는 '경우에서 생기는 것이 아니라' 제각각 자기의 역할을 진지하게 노력하는 것이라는 것을 알아차린 사람은 몇몇 덕이 높은 사람들뿐이었다.

왜냐하면 젊은이들은 평생 맹자로부터 배운 것을 행동 속에서 재빠르게 잊기 때문이다:

"귀하고자 하는 것은 사람들의 공통된 마음이니 사람마다 몸에 귀한 것을 가지고 있지만 생각하지 아니할 따름이다. 사람이 귀하게 여기는 것은 본래 귀한 것이 아니니, 조맹(趙孟)이 귀하게 여긴 것을 조맹이 천하게 할 수 있다."(《맹자》)

뒤에서 보겠지만 사람들은 모욕에 대해 곧바로 분개하며 목숨을 걸고 갚는다. 그런데 한편으로 명예는 비록 그것이 허명이나 세상의 아첨에 불과한 것까지 포함해서 이 세상에서 '최고의 선'으로 찬양된다.

젊은이가 추구해야 할 목표는 부나 지식이 아니라 명예다. 많은 젊은이는 자기 집의 문지방을 넘으면 세상에 나와 이름을 이루기까지 다시는 그 문지방을 넘지 않겠다고 맹세한다. 또한 자기 아들에게 큰 희망을 거는 많은 어머니는 아들들이 금의환향할 때까지 아들과의 만남을 거부한다.

수치스럽지 않게 명예를 얻기 위해 사무라이의 아들들은 그 어떠한 빈곤도 감수했고, 육체적이고 정신적인 고통이 수반되는 엄격한 훈련을 견뎠다. 그들은 젊을 때 쟁취한 명예는 세월이 지남에 따라 크게 성장한다는 것을 알고 있었다.

겨울에 오사카에서 벌어진 결전의 날 이에야스의 어린 아들인 도쿠가와 요리노부〔德川賴宣〕는 선봉에 서게 해달라고 열심히 간원했다. 그러나 그 간원은 수용되지 않았고, 후방에 배치되었다. 그리고 아군이 성을 함락했다는 소식을 듣고 젊은 요리노부는 너무나 분한 나머지 눈물을 흘렸다. 옆에 있던 늙은 신하가 "앞으로 이런 기회는 얼마든지 있을 테니 너무 한탄하지 마십시오"라고 위로했다. 그런데 그는 늙은 신하를 날카롭게 바라보면서 "아아, 나는 14년을 더 기다려야 한단 말인가"라고 말했다고 한다.

만약 명예나 명성을 얻을 수 있다면 얼마든지 생명을 바칠 수 있다고 생각했다. 따라서 생명보다 소중한 근거가 보이면 목숨은 언제든지 평온하게 그 자리에서 버릴 수 있는 것이었다.

아무리 생명을 그 대가로 치른다고 해도 비싸지 않다고 생각된 것 가운데 충의(忠義)가 있다. 충의는 봉건제도 속의 여러 덕을 묶어서 균형잡힌 아치를 만드는 초석이었다.

9

'충의(忠義)' : 사람은 무엇을 위해 죽어야 하는가

일본인의 충의란 도대체 무엇인가

봉건도덕은 그 이상의 덕목을 다른 윤리 체계나 다른 계급 사람들과 공유했다. 그러나 그 충의라는 덕목, 즉 주군에 대한 신하의 복종과 충성의 의무는 봉건도덕을 현저하게 특징짓는다. 나는 개인에 대한 충성이 모든 종류의 사람들과 모든 경우의 사람들에게 존재하고 있는 도덕적인 유대라는 것을 알고 있다. 소매치기 일당들조차 누목에게 충성을 바친다.(영국의 작가 디킨스의 장편소설 《올리버 트위스트》) 그러나 충성심이 가장 중요성을 띠는 것은 오직 무사도의 명예 규범에 있어서다.

G. W. F. 헤겔(18-19세기의 독일 철학자)[13]은 봉건 시대에 볼 수 있는 신하의 충성이 국가를 향하는 것이 아니라 개인에 대한 의무였음을 지적하고, 그와 같은 의무는 불공정한 원리 위에 세워진 줄이라고 비판했다. 그럼에도 불구하고 비스마르크는 개인에 대한 충성이 독일인의 덕임을 자랑했다. 그가 그렇게 믿는 이유는 충분히 있었다.

왜냐하면 그가 자랑한 Treue(충의)는 조국 또는 단일국가, 단일민족의 전매 특허가 아니라 독일처럼 봉건제가 오랫동안 지속된 국민들 사이에서 이 기사도의 달콤한 과실이 가장 늦게까지 남아 있었기 때문이다.

'만인의 평등'을 노래하고, 아일랜드인이 거기에 더해 "동시에 보다 뛰어나다"라고 말했던 미국에서 일본인이 주군에 대해 느끼는 듯한 좋은 것만 가려낸 충의에 대한 생각은 "일정한 범위 내에서는 뛰어나다"라고 판단한 것으로 보인다. 그러나 우리가 장려할 정도로 유행해야 할 것으로는 생각지 않았을 것이다.

훨씬 오래 전에 몽테스키외는 "피레네 산맥 이쪽에서 올바른 것은 저쪽에서 그른 것이다"라고 한탄했다. 그리고 최근의 드레퓌스 사건의 재판 과정은 몽테스키외의 말이 옳다는 것을 증명하고 있으며, 피레네 산맥이 프랑스의 정의와 일치하지 않았던 유일한 경계가 아니었음을 증명했다.

이와 마찬가지로 일본인이 생각하고 있는 충의는 다른 나라에서는 거의 그 신봉자를 발견하기 어렵다. 그것은 일본인의 생각이 틀렸기 때문이 아니다.

그것은 다른 나라에서 충의를 잊고 있는 데 비해 일본에서는 다른 나라가 도달하지 못한 곳까지 생각을 끌고 갔기 때문이다.

W. E. 그리피스[14]는 "중국에서 유교의 원리는 부모에 대한 순종을 인간의 첫번째 의무로 보는 데 비해 일본에서는 충의를 우선한다"라고 올바르게 지적했다.

명령에 대한 절대적인 순종이 존재했다

나는 선량한 독자들을 놀라게 하는 위험을 감수하며, 셰익스피어가 말한 것처럼 "몰락한 주군을 모시며 그 고난을 같이 한다." 그리고 '이야기 속에 이름을 남긴' 사람들에 대해 말하려고 한다.

이 이야기는 일본 역사에서 특필해야만 하는 존재의 한 사람인 스가와라 미치자네〔菅原道眞〕와 관계된 것이다. 미치자네는 질투와 모략에 희생되어 수도에서 추방당했다. 그러나 무자비한 그의 적은 거기서 만족하지 못하고 미치자네의 가문을 멸족시키려고 궁리했다.

그리고 치밀한 탐색 끝에 미치자네의 어린 아들이 과거 미치자네의 신하였던 겐쇼(武部)의 거처인 절의 오두막에 숨어 있다는 것을 알아냈다.

그래서 겐쇼에게 어린 죄인의 목을 정해진 날까지 보내라는 명령이 내려졌다. 그때 겐쇼가 가장 먼저 생각한 것은 어린 주군을 대신할 아이를 찾는 일이었다. 겐쇼는 절에 있는 이름을 보면서 어린아이들을 하나씩 곰곰이 생각했다.

그러나 그 지방에서 태어난 어린아이 가운데에서 겐쇼가 섬기고 있는 어린 주군을 대신할 아이가 없었다. 겐쇼의 절망이 극에 이르렀을 때였다.

보라, 품행이 방정한 어머니를 따라온 소년의 얼굴을. 나이도 어린 주군과 비슷한 소년이 산문으로 들어왔던 것이다.

어린 주군과 소년이 매우 닮았다는 것을 그 어머니와 아이 스스로가 알아차렸다. 그래서 사람의 눈이 없는 곳에서 어머니와 아들은 스스로 제단에 목숨을 바치기로 결심했다. 아이는 자기의 생명을, 어머니는 그 마음을 말이다. 그러나 어머니와 아들은 그런 각오를 겉으로 드러내지 않았다.

한편 겐쇼는 어머니와 아들 사이에서 일어난 일을 알아차리지 못하고 어린 주군을 대신할 아이를 찾고 있었다.

그리고 희생 제물은 정해졌다.

이 이야기의 나머지 부분은 짧게 끝내겠다.

정해진 날에 어린 주군의 머리를 확인하고 받아오라는 명령을 받은 관리가 찾아왔다. 그는 과연 아이가 바뀌었다는 것을 알아차릴 수 있을까. 겐쇼는 손에 칼을 들고 자기들의 계략이 탄로나면 그 자리에서 관리를 살해하거나 자결할 준비를 하고 있었다. 관리인 마츠오(松王丸)는 앞에 놓여진 털이 곤두서는 머리를 들어올려 세세히 그 특징을 냉정하게 음미했다. 그리고 숙달된 솜씨로 엄숙하게 그 머리가 틀림없다고 말했다.

그날 밤 그 어머니는 사람이 없는 집에서 무엇인가를 기다리고 있었다. 어머니는 자기 아들의 운명을 알고 있었을까. 어머니가 꼼짝도 하지 않고서 기다리고 있는 것은 아들의 귀환이 아니었다. 아이의 할아버지는 오랫동안 미치자네로부터 은총을 받았다. 그러나 미치자네가 유배를 떠난 뒤 아이의 아버지는 어쩔 수 없이 일가가 은총을 받던 미치자네의 적을 섬겨야 했다.

그러나 자기 주군에 대해 불충을 저질러서는 안 됨을 배웠다. 그래서 아들을 희생해서 아버지가 섬겼던 주군에게 도움을 주려고 했던 것이다.

그리고 유배를 떠난 일족과 얼굴을 안다는 이유로 아들의 아버지인 마츠오가 어린 자기 아들의 목을 검사하는 역할을 수행하도록 명령을 받았던 것이다.

그날, 아니 그 인생에서 가장 가혹한 역할을 끝마치고 아버지는 집으로 돌아왔다. 그리고 문지방을 넘어서 문을 꽉 닫은 순간 "우리는 어린 주군을 위해 훌륭한 일을 했어. 기뻐해, 여보"라고 외쳤다.

"너무 잔인해."
"다른 아이의 생명을 구하기 위해 아무런 잘못도 없는 자기 아들을 무참하게 희생하다니!"
라는 독자들의 목소리가 들려오는 듯하다. 그러나 그 아이는 스스로 죽을 이유를 알았고, 스스로 희생물이 되었다.

성서에서 아브라함이 자기 아들 이삭을 신에게 바치는 제물로 삼았다는 이야기와 마찬가지로 답답하지만 그 이상으로 꺼릴 이야기도 아니다. 이들 모두의 희생은 눈으로 볼 수 있는 천사에게 맡겨진 것일까. 또는 눈으로 볼 수 없는 천사의 소명에 의한 것일까. 또는 육성으로 그 명령을 들은 것일까. 마음의 귀로 그것을 들은 것일까. 어쨌든 의무가 명령하는 것에 대한 순종, 그리고 보다 높은 세계에서 전해진 명령에 대한 절대적인 순종이 존재했던 것이다. 그러나 여기에서 나는 설교를 늘어놓고 싶은 생각은 없다.

무사도에서는 개인보다 국가를 소중하게 여긴다

서양의 개인주의는 아버지와 아들, 남편과 아내에 대해 각각 개별적인 이해를 인정하고 있다. 따라서 한 사람이 다른 사람에게 지고 있는 의무는 한층 경감된다.

그러나 무사도에서는 일족의 이해와 그 개개 구성원의 이해가 서로 분리될 수 없는 일체적인 것으로 작용한다. 무사도는 그 이해를 애정, 즉 자연스럽고 본능에 기초를 두기 때문에 타인이 대신할 수 없이 긴밀하게 엮여 있다.

따라서 만약 우리가 동물조차 지니고 있는 자연적인 사랑에 의해 사랑하는 사람을 위해 죽는다고 하면 그것은 과연 무엇일까.

"너희들을 사랑하는 사람을 사랑하고 뭔가 보답을 해야 한다. 그것은 세금을 징수하는 일과 같은 것이 아니다."

라이 산요(賴山陽)는 그의 대작 《일본외사(日本外史)》속에서 아버지 기요모리(淸盛) 법황(法皇)에 대한 반역에 대해 그의 아들 시게모리(重盛)의 고충을 "충이 아닌 것을 바라면 효가 되지 않고, 효가 아닌 것을 바라면 충이 되지 않는다"라고 감동적으로 묘사했다.

슬픈 시게모리! 우리는 훗날 시게모리가 자애로운 하늘이 그에게 죽음을 주고 순수할 것, 정의가 세상에 깃드는 것이 곤란한 이 세상에서 자기 몸을 데려가 달라며 신에게 의지하여 비는 것을 보았다.

그 시게모리와 같은 사람들은 의리와 인정 사이에 끼어 마음이

찢어지는 것을 느꼈다.

사실 셰익스피어나 《구약 성서》에서도 우리의 '효'라는 생각에 대해 적절한 예를 볼 수 없다. 그러나 그와 같이 중간에 끼어 있는 경우 무사도는 주저없이 충의를 선택했다. 여성도 또한 자기 아들에게 주군을 위해 모든 것을 바치라고 장려했다.

과부인 윈덤과 그 유명한 자식들(윈덤은 영국 찰스 1세의 신하로 크롬웰과의 전쟁에서 아들 셋과 함께 전사했다. 사람들이 윈덤 부인을 위로하자 아들이 더 있으면 기꺼이 국왕을 위해 바치겠다고 말했다)처럼 사무라이의 아내들은 용감하게도 충의를 위해 자기 아들을 선뜻 내놓았던 것이다.

아리스토텔레스(그리스 철학자)나 몇 명의 현대 사회학자처럼 무사도에서는 개인보다 국가가 먼저 존재한다고 생각했다. 즉 개인은 국가를 떠받드는 구성 성분으로 태어난 것이다.

그를 위해 개인은 국가를 위해 또는 합법적 권위를 위해 살며 죽어야 한다. 《크리톤》(플라톤의 저서)의 독자는 소크라테스가 그의 탈출 문제를 놓고 국가의 법률에 대해 논의한 웅변을 기억할 것이다. 소크라테스는 법률 또는 국가의 입을 빌려 이렇게 말했다:

"너희는 내 밑에 태어나 자라고 교육되었는데, 너희와 너희 선조 모두 나의 아들과 하인이 아니라고 말하려 하는 것이냐."

이 말은 일본인에게 그다지 충격적인 인상을 주지 못한다. 왜냐하면 이와 같은 일이 옛부터 무사도를 통해 전해졌기 때문이다. 굳이 말한다면 일본인에게 법률과 국가가 유일한 인격에 상당한다는 수정이 필요하다. 충의란 이런 정치 이론의 결과다.

나는 스펜서의 정치적 복종, 즉 "충의는 과도적 기능만 지니고 있다"[15]라는 견해를 모르고 있지는 않다. 그것도 옳을지 모른다. 하루의 덕은 그날 하루로 충분하다. 우리는 충만한 사고를 통해 하루하루를 되풀이하고 있다. 특히 일본인에게 그날은 실로 긴 기간이다. '작은 돌이 큰 암석이 되고 이끼가 덮일 때까지'라는 일본 국가의 한 구절을 믿고 있기 때문이다.

이것과 연관해서 영국처럼 민주주의에 친숙한 국민 사이에서도 M. 부토미가 최근에 말한 것처럼 "게르만인의 조상이 그들의 수령에 대해 품고 있던 한 사람의 인간과 그 자손에 대한 인격적인 충성의 감정은 그들의 이상할 정도의 왕실에 대한 애착에서 드러난다. 그리고 그것이 많건 적건 그 군주의 혈통에 대한 마음에서 우러난 충의로 변화했다"라는 것이 존재함을 알고 있다.

스펜서는 말했다. 정치적으로 종속되는 것은 충의나 양심이 명하는 것에 자리를 양보해야 한다고. 그의 귀납적인 추론이 만약 실현된다고 가정해도 충의와 충의에 수반되는 경애의 생각이 세월이 지난다고 잊혀질까.

우리는 그 충성심을 한 군주에서 다른 군주로 옮기면서 그 어느쪽에도 불충이 되지 않게 한다. 그때 우리는 일시적으로 이 세상의 권력을 손 안에 쥐고 있는 왕가의 가신이기 때문에 우리 마음의 깊은 곳에서 왕좌를 따르는 천제(天帝)의 노복이 된다.

몇 년 전 스펜서의 어리석은 제자들에 의해 시삭된 바보스러운 논쟁이 일본 독서계를 뒤흔든 적이 있었다. 어떤 사람들은 다른 것으로 대체하기 어려운 유일하며 불가분의 충성을 요구하는 천황을 옹호하는 데 열심인 나머지 그리스도 교도가 예수에게 충성을 맹세하는 사실을 대역죄라고 비난했다. 그들은 수사학자의 기지를 알지 못하며, 소피스트적인 논의를 전개해 스콜라 학파의 실증성을 결여한 스콜라적 학설을 늘어놓았다.

그들은 어떤 의미에서 "한 사람의 주(主)에 고집하지 않고 다른 주를 가볍게 여기지 않으며 두 주를 섬긴다"라는 것이 가능하다는 것을 모르고 있었다. 즉 '카이사르의 것은 카이사르에게, 신의 것은 신에게'라는 것을 모르고 있었던 것이다.

소크라테스는 '데몬'에 대해 그저 단 하나도 양보하지 않고 충성과 평정함을 지닌 채 지상의 왕자, 즉 국가의 명령에 따르지 않았던가. 소크라테스는 살아서는 자기의 양심에 따랐고, 죽어서는 국가에 자기를 바쳤다. 국가가 인민에 대해 그 양심의 지침까지 명령하는 슬픈 날은 오지 않을 것이다.

사무라이의 참된 '충의'는 여기에 있다!

무사도는 우리의 양심을 주군이나 국왕의 노예로 팔아넘기라고는 명령하지 않았다. 토머스 모브레이가 다음과 같이 말했을 때 모브레이는 일본인의 좋은 대변인이 되었다:

대단한 왕이여, 내 몸을 바칩니다.
내 생명은 왕의 명령대로
나의 수치는 아랑곳하지 않고
생명을 버리는 것이 우리의 의무.
그러나 죽어도 묘지에서 살아나는 우리의 향기로운 이름
어두운 불명예는 얻지 않는다.

자기의 양심을 주군의 변덕이나 취태·즉흥성에 희생하는 자에 대해 무사도의 평가는 매우 엄격했다. 그런 자는 '간신' 즉 절조 없이 알랑거리며 주군의 기분을 사는 자, 또는 '총신(寵臣)' 즉 노예처럼 온갖 수단을 동원해 주군의 비위를 맞추려는 자로 경멸했다.

이런 두 종류의 가신은 이아고(셰익스피어의 《오셀로》에 등장하는 인물)가 다음과 같이 말하고 있는 자와 일치한다:

그 하나는 자기의 추종에서 유래한 애정에 빠져 흡사 주군의 당나귀처럼 자기를 허비하는 순종 또는 비굴한 노복이다. 다른 하나는 거짓으로 행동거지나 행위를 하며 마음 구석으로는 자기만을 생각하는 어리석은 자다. 주군과 의견이 다를 때 가신이 취해야 할 충절의 길은 켄트 공(셰익스피어의 《리어 왕》에 등장하는 인물)이 리어 왕에게 간언한 것처럼 어디까지나 주군이 틀렸다는 것을 말하는 것이다.

만약 그것이 용납되지 않을 때는 사무라이는 자기의 피로써 자신의 말이 성(誠)임을 보여 주고, 주군의 예지와 양심에 대해 마지막 읍소를 하는 것이 보통이었다.

생명은 여기에 주군을 섬기는 수단이라고까지 생각했고, 그 지고한 모습은 명예로 여겼다. 사무라이의 모든 교육과 훈련은 이를 바탕으로 이루어졌던 것이다.

10

무사는 무엇을 배우고 어떻게 몸을 연마했는가

행동하는 사무라이가 추구한 '품성'은 무엇인가

무사의 교육에서 가장 필요한 것은 그 품성을 높이는 것이었다. 그리고 사려·지성·웅변 등이 그 다음이었다.

무사의 교육에서 미의 가치를 좋게 평가한다는 것이 중요한 역할을 했다는 사실은 이미 앞에서 본 그대로다. 그것들은 교양 있는 사람에게 불가결한 것이지만, 사무라이의 훈육에서는 본질을 이루는 것이라기보다는 겉모습이었다. 지능이 우수하다는 것 역시 중요했다. 그러나 지성을 의미할 때 쓰이는 '지(知)'라는 한자는 첫째로 예지를 의미했고, 지식은 종속적인 지위를 부여받았을 뿐이다.

무사도의 골격을 지탱하고 있는 세 다리는 '지(智)'·'인(仁)'·'용(勇)'으로, 각각 지혜·자비·용기를 의미했다. 사무라이는 본질적으로 행동하는 사람이다. 학문은 사무라이의 행동 원리의 외부에 존재했다. 물론 그들도 무사라는 직업과 관련된 것에 한해서는 학문을 이용했다.

종교와 신학은 승려나 신관의 영역이었다. 그리고 무사는 그 용기를 고무시키는 범위 내에서 종교와 신학을 가까이 했다. 어떤 영국 시인이 말한 것처럼 사무라이는 "인간을 구하는 것은 교의(敎義)가 아니지만 교의를 정당화하는 것은 인간이다"라고 믿었다.

또한 유학과 문학은 무사의 지적 훈련의 중요한 부분을 형성하고 있다. 그러나 그것들을 배울 때조차 사무라이가 원했던 것은 객관적 진실이 아니었다. 즉 그것들은 전투 장면이나 정쟁을 설명하기 위한 것이 아니라 문학의 경우는 면학의 틈을 메우는 것으로, 유학은 그 품성을 확립하기 위한 실천적인 보조 수단으로 추구되었던 것이다.

이상에서 살펴보았기 때문에 무사도의 훈육에서 중요한 교과 과정이 검술·궁술·'유술(柔術)'[16] 또는 '유도'·승마·창술·전략전술·서도(書道)·도덕·문학·역사로 구성되어 있다고 해도 놀라지는 않을 것이다.

이들 가운데 유술과 서도에 대해서는 두세 가지 보충 설명이 필요할 것이다. 글씨를 잘 쓰는 것은 매우 중요한 일로 여겼다. 그것은 일본의 문학이 회화적인 성질을 띠고 있고, 그 자체로서 예술적 감상이 될 수 있는 가치를 지니고 있었기 때문이다. 또한 서체는 그 사람을 잘 드러낸다고 믿고 있기도 했기 때문이다.

유술을 간결하게 정의하면 공격과 방어를 위해 해부학적 지식을 응용하는 것이다. 유술은 완력에 의존하지 않는다는 점에서 씨름과 다르다. 무기를 사용하지 않는다는 점에서 다른 무술과는 공격 방법이 다르다. 이 기술은 상대 신체의 일정 부분을 쥐거나 때려서 상대를 기절시키거나 저항할 수 없도록 만드는 것이다. 그 목적은 죽이는 데 있지 않고, 일시적으로 행동할 수 없도록 만드는 것이었다.

무사도는 득실 계산을 하지 않는다

군사 훈련에서 당연한 것으로 여겨지는 것 가운데 무사도의 훈육에 결여되어 있는 것이 산술이다. 그러나 이것은 봉건 시대의 전투는 과학적 정확함을 수반해야 하는 것이 아니었다는 사실에서 일단 설명이 된다. 그러나 그뿐만 아니라 사무라이의 훈육 전체에서 볼 때 수의 관념을 키우는 것은 별로 좋은 일이 아니었다.

무사도는 득실 계산을 하지 않는다. 오히려 모자라는 것을 자랑한다. 무사도에서는 벤티디우스(로마 장군)가 말한 것처럼 "무인의 덕으로 여겨지는 공명심은 더러운 이익보다는 손실을 택한다"라고까지 할 수 있다.

돈 키호테는 황금과 영지보다 그의 녹슨 창과 뼈와 가죽만 남은 노새를 자랑했다. 그리고 일본의 사무라이는 이 라만차의 과대망상에 사로잡힌 동지에게 경의를 표한다. 그는 금전 그 자체를 싫어한다. 돈을 버는 것이나 축재의 기술에 뛰어난 것을 싫어한다. 그에게 그것은 틀림없는 부정 이익이었다.

시대의 퇴폐상을 말할 때 쓰는 상투어 가운데 "문신은 돈을 좋아하고 무신은 목숨을 아까워한다"라는 구절이 있다. 황금을 아쉬워하고 죽음을 두려워하는 풍조는 그것을 헛되이 낭비하는 것과 마찬가지로 비난의 표적이었다. 잘 알려진 격언 가운데 "특히 금·은에 대한 욕심을 가져서는 안 된다. 부라고 하는 것은 지혜에 해를 가한다"라는 것이 있다. 따라서 무사의 자식은 절대로 경제를 안중에 두지 말라는 교육을 받았다. 경제에 대해 말하는 것은 상스러운 짓이라고 생각했다. 그리고 다양한 통화의 교환 가치를 모르고 자라는 것이 좋다고까지 배웠다. 수의 지식은 출진이나 진을 구성하는 것, 보상 등에서 반드시 필요한 것이었다. 그러나 돈의 계산은 신분이 낮은 자에게 맡겼다.

많은 번(藩)에서는 재정을 신분이 낮은 무사나 승려에게 맡겼다. 물론 사려 깊은 무사들은 군자금의 의미를 알고 있었다. 그러나 금전의 가치를 덕으로까지 끌어올리려고는 하지 않았다. 무사도가 근검절약을 이야기한 것은 사실이다. 그러나 그것은 이재를 위해서가 아니라 절제의 훈련을 위해서였다.

사치는 인격에 영향을 미치는 최대의 위협으로 간주되었다. 가장 엄격하고 소박한 생활이 무사 계급에게 요구되었다. 많은 번에서는 검약령(儉約令)이 실행되었다.

서책을 통해 알 수 있는 것처럼 고대 로마에서는 징수 관리나 재정을 다루는 관료가 다음에 무인 계급으로 승진했는데, 그 결과로 국가가 그들의 직무나 금전 그 자체의 중요함에 대해 깊은 배려를 했다. 이 사실에서 로마인의 사치와 강한 욕망이 생겼다고 생각할 수도 있다.

그러나 무사도에서는 그와 같은 일은 없었다. 무사도는 일관해서 이재의 길을 천한 것, 즉 도덕적인 직무나 지적인 직업과 비교해서 비천한 것으로 여겼다.

이처럼 금전이나 금전에 대한 집착이 무시된 결과 무사도 그 자체는 금전에서 유래한 무수한 악덕에서 비켜나 있었다.

이것은 일본에서 공무를 담당한 사람들이 오랜 기간 동안 타락을 면했던 사실을 설명하는 데 충분한 이유가 된다. 그러나 안타까운 일은 현대에 들어서 급속하게 금권정치가 횡행하게 되었다는 것이다.

무사도는 무상·무보수의 실천만을 믿는다

두뇌의 훈련은 오늘날에는 주로 수학 공부에서 도움을 얻고 있다. 그러나 당시는 문학의 해석이나 도의론적인 논의를 통해서 이루어졌다. 앞에서 말한 대로 젊은이를 교육하는 주된 목적은 품성을 고양시키는 것이었다. 따라서 추상적인 명제가 젊은이의 마음을 괴롭히는 일은 거의 없었다. 단지 박학하다는 이유로 존경을 받을 수는 없었다.

베이컨이 말한 학문의 세 가지 효용, 즉 쾌락·장식·능력 가운데 무사도는 최후의 것에 결정적인 우선권을 두었다. 그 능력은 '판단과 실무의 처리'를 위해 사용되는 것이 목적이었다. 공무의 처리가 되었건, 자제심의 훈련을 위해서이건 실천적인 목적 아래 교육이 시행되었던 것이다.

공자는 "배우고 생각하지 않으면 이른바 망(罔), 생각하고 배우지 않으면 이른바 태(殆)"라고 말했다.

가르치는 자가 지성이 아닌 품성을, 두뇌가 아닌 그 심성을 목표로 삼을 때 스승의 직무는 어느 정도까지 성직자적인 성격을 띠었다.

"나를 낳은 것은 부모다. 나를 인간답게 만든 것은 스승이다"라는 생각이 널리 퍼져 있었고, 스승은 최고의 존경을 받았다. 이처럼 신뢰와 존경을 젊은이로부터 받기 위해서는 훌륭한 인격을 지니고 학식에 뛰어나야만 했다. 그런 사람이 아버지가 없는 사람의 아버지가 되었고 길을 잃고 헤매는 양들의 조언자가 되었다.

"부모는 천지와 같고 스승은 일월과 같다"라고 말해졌다.

어떤 일에 대해서도 그 보수를 지불하는 현대적 사고는 무사도를 신봉하는 사람들 사이에서는 통용되지 않았다. 무사도는 무상·부보수로 행하는 실천만을 믿었다.

정신적인 가치와 연관된 일은 승려·신관·스승 그 누가 되었건 금·은으로 대가를 지불해야만 하는 것은 아니었다. 그것은 그 일이 무가치하기 때문이 아니라 그 가치가 헤아릴 수 없을 정도로 귀한 것이었기 때문이다.

여기서 무사도의 본성, 즉 산술로 계산할 수 없는 명예를 중하게 여기는 특질은 근대의 경제학 이상으로 진실된 가르침을 사람들에게 주었던 것이다.

임금이나 봉급은 그 일의 결과가 명확하고 형태가 있으며 숫자로 측정할 수 있는 경우에만 지불된다. 그러나 교육에서 최고의 일, 다시 말해서 정신의 고양과 관계된 일(이 경우 신관이나 승려의 일도 포함된다)은 명확하지도 않으며, 형태가 있는 것도 아니고 숫자로 측정할 수도 없다. 숫자로 측정할 수 없는 것에 대해 가치의 외면적인 계량 방법인 금전을 사용하는 것은 적당하지 않다고 생각했던 것이다.

일년 중 어느 시기에 제자들이 스승에게 금전이나 물건을 바치는 관습은 인정되었다. 그러나 이 관례는 지불이 아니라 감사의 마음을 표시하는 헌상이었다. 그리고 사실 이런 금품을 받는 사람도 기뻐했다. 왜냐하면 그들은 통상적으로 엄격함과 자긍심 있는 빈곤으로 알려져 있고, 스스로 몸을 사용해서 일을 하기에는 위엄이 손상된다고 생각하며 구걸하기에는 자존심이 너무 강한 사람들이었기 때문이다.

그들은 역경에 굴복하지 않는 고귀한 정신을 지닌 위엄 있는 인간의 화신이었다. 그들은 또한 학문이 지향하는 것을 체현하는 사람들이었고, 단련에 단련을 거듭하는 자제심의 살아 있는 교본이었다. 그리고 그 자제심은 사무라이에게 매우 필요한 것이었다.

11

사람에게 이기고 자기를 극복하기 위해

사무라이는 감정을 얼굴에 드러내지 않는다

무사도에서 불평불만을 늘어놓지 않는 불굴의 용기를 훈련을 통해 길렀다. 그리고 한편으로는 예의 훈련도 있었다. 그것은 자기의 슬픔과 괴로움을 겉으로 드러내 타인의 유쾌함과 평온을 해치지 않기 위해서였다.

이 양자가 하나가 되어 금욕적인 기풍이 생겼고, 결국 국민 전체가 금욕주의적인 기질을 가진 것처럼 생각되는 고정관념이 생겨났다.

나는 어디까지나 이 금욕주의는 외견상의 것으로 생각한다. 왜냐하면 대부분의 금욕주의는 국민 전체를 특징지을 수 있는 것이 아니기 때문이다. 또한 일본인의 습속이나 풍습의 어떤 것은 외국인의 눈으로 볼 때 냉혹하게 비칠 수도 있기 때문이다.

그러나 사실 일본인은 세계의 어느 민족에 뒤지지 않을 정도의 뛰어난 감정을 지닌 민족이다.

어떤 의미에서는 일본인이 다른 민족보다 훨씬 많이, 몇 배나 감정적인 기질을 가지고 있다고 생각한다. 왜냐하면 자연스럽게 용솟음치는 감정을 억제하는 자체가 고통을 수반하기 때문이다.

감정을 드러내 눈물을 터뜨리거나 고통의 비명을 지르지 말라는 교육을 받은 소년들, 그리고 소녀들을 상상해 보라. 이와 같은 노력이 그들의 신경을 둔하게 만들까, 아니면 더욱 섬세하게 만들까 하는 생리학상의 문제도 있다.

사무라이는 감정을 드러내는 것을 남자답지 못하다고 생각했다. 훌륭한 사람을 평가할 때 "기쁨과 분노를 겉으로 드러내지 않고"라는 말을 자주 사용했다. 가장 자연스러운 감정이 억제되어 있는 것이다. 아버지는 그 권위를 희생하지 않기 위해 아이를 안을 수 없었다. 남편은 아내에게 잔소리를 할 수가 없었다. 집에 있을 때는 물론이고 사람들 앞에서도 마찬가지였다.

어떤 기지가 풍부한 청년은 "미국인 남편은 사람들 앞에서 아내에게 잔소리를 하고 집에서는 때린다. 그러나 일본인 남편은 사람들 앞에서 아내를 때리고 집에서는 잔소리를 한다"라고 말했다. 이 비유 속에는 얼마간의 진실이 담겨 있을지도 모른다.

침착한 행동거지나 마음의 평온함은 어떤 종류의 정열에 의해서도 혼란되어서는 안 된다.

문득 청일전쟁 때의 일이 생각난다. 어떤 연대가 출정을 했을 때 대장이나 병사들에게 이별을 고하기 위해 찾아온 사람들이 역 앞에 많이 모였다. 그때 한 미국인이 이별 광경이 매우 소란스러울 것으로 생각하고 구경을 하러 역 앞에 갔다. 왜냐하면 그때 일본이 처음으로 외국과 전쟁을 한다는 흥분 상태에 빠져 있었고, 군중 속에는 당연히 출정하는 병사의 부모나 처자 그리고 약혼자가 있었을 것이기 때문이었다.

그러나 이 미국인은 자기의 기대가 어긋났음을 알았다. 그 이유는 발차 신호로 기적이 울리고 열차가 움직이기 시작하자 수천 명의 사람들이 조용히 모자를 벗고 정중하게 고개를 숙여 작별 인사를 했기 때문이다. 손수건을 흔들지도 않았고, 말도 하지 않았다. 주의 깊게 귀를 기울인 사람만이 몇 사람이 숨을 죽이고 우는 소리를 들었을 뿐이었다.

가정 생활에서도 나는 이와 비슷한 일을 알고 있다. 어떤 아버지는 약한 모습을 보이지 않으려고 옆방에서 밤새도록 병에 걸린 아이의 숨소리에 귀를 기울였다.

또한 어떤 어머니는 자기의 임종 때에도 아들의 면학에 지장이 없도록 하기 위해 아들을 부르지 않았다.

일본인의 역사나 일상 생활은 플루타르코스(그리스 철학자이며 저술가)의 책 속에 등장하는 감동적이고 영웅적인 어머니의 예로 넘쳐난다. 일본의 농민 가운데 수많은 매거트 호(이안 맥라렌의 소설에 등장하는 어진 어머니)를 찾아낼 수 있을 것이다.

왜 '과묵'을 높게 평가했는가

일본의 그리스도 교회에서 신앙 부흥운동이 성행하지 않는 이유를 위와 마찬가지로 극기를 위한 훈련을 통해 설명할 수가 있다. 남자나 여자 모두 자기의 영혼이 흔들리는 것을 느낄 때 먼저 직관적으로 그것을 밖으로 드러내지 않고 조용히 억제하려고 노력한다.

드물게 성의와 열정에 의해 감성이 움직여 웅변이 되는 일이 있다.

영적인 경험을 가볍게 말하라는 것은 모세의 세번째 계명(너의 신 여호아의 이름을 망령되이 일컫지 마라)에 어긋나는 것을 권유하는 것이다. 일본인의 귀에는 새의 무리에서 들려오는 가장 신성한 언어나 신비적인 체험은 진실로 귀에 거슬리는 것이다.

어떤 젊은 사무라이는 일기에 이렇게 적어 놓았다:

"너의 영혼의 토양이 미묘한 사상에 의해 움직이는 것이 느껴지는가. 그것은 씨앗에 싹이 트는 것이다. 언어로 이를 방해하지 마라. 조용히, 비밀스럽게 그 씨앗이 자라도록 내버려두어라."

달변으로 마음 깊숙한 곳에 있는 사상이나 감정, 특히 종교적인 감정을 말하는 것은 일본인에게 그 행위 자체가 그다지 심각한 것도 아니고 성의가 없는 듯한 인상을 준다고 생각했다. 잘 알려진

속담 가운데 이런 것이 있다:

"입을 열고 장(腸)을 보니 석류네."

감동이 일어나는 순간 그것을 감추기 위해 입을 다무는 것은 동양인의 옹고집 탓일지도 모른다. 어느 프랑스인이 정의한 것처럼 일본인에게 언어라고 하는 것은 대개 '사상을 감추는 기술'이다.

만약 독자가 불행의 늪에 빠져 있는 일본인 친구를 찾아갔다고 하자. 그는 붉게 충혈된 눈과 젖은 뺨을 보이면서도 미소를 지으며 평소와 다름없는 태도로 맞이해 줄 것이다. 여러분은 그가 미쳤다고 생각할지도 모르겠다. 그러나 억지로 사태의 설명을 들으려고 하면 다음과 같은 단편적인 상투어가 그의 입을 통해서 흘러나올 뿐일 것이다──"인생무상" "회자정리" "생자필멸" "죽은 아이의 나이를 세는 것은 어리석은 짓. 그렇지만 여자의 마음은 어리석음을 저지른다" 등.

고귀한 호엔촐레른 가문(프로이센과 독일의 명문 가문)의 한 사람이 말한 "불평하지 않고 인내하는 것을 배워라"는 자존심 강한 말은 그것이 말해지기 이전부터 이미 일본인의 마음속에 울려퍼지고 있었다.

실제로 일본인은 성격의 약점을 엄하게 추궁당할 때조차 웃음을 지우지 않는 경향이 있다. 나는 일본인의 미소에 대해 데모크리토스[고대 그리스의 철학자로 낙천적인 성격 때문에 '웃는 철학자'라는 별명이 있다]가 지닌 버릇이라기보다는 보다 적절한 이유가 있을 것으로 생각한다. 왜냐하면 일본인의 미소에는 어떤 상황의 격변에 의해 마음의 안정이 혼란스러울 때 계속해서 마음의 평형을 되찾으려는 노력을 잘 숨기는 역할이 맡겨져 있었기 때문이다. 미소는 슬픔이나 분노의 밸런스이기도 했다.

이처럼 감정을 억제하는 것이 항상 강요되었기 때문에 감정의 탈출구는 시와 노래였다. 10세기의 어느 시인(紀貫之)은 "이와 같은 일, 노래를 좋아하는 것이 있어도 없는 듯하다. 중국이나 여기나 생각만으로 참을 수 없을 때는 더욱"이라고 썼다.

먼저 죽은 아들이 평소처럼 잠자리를 잡으러 갔다고 상상하는 것으로 그 슬픔을 잊으려고 하는 어느 어머니(加賀의 千代)는,

잠자리를 잡으러 오늘은 어디까지 간 걸까.

라고 노래했다.

이 이상 다른 예를 거론할 필요는 없을 것이다. 비록 내가 피눈물을 삼킨 사례가 드문 가치로운 진주로 꿰어진 사상을 외국어로 번역할 수 있다고 해도, 일본 문학의 진주와 같은 보물의 가치를 올바르고 적절하게 소개하는 것은 불가능할 것이기 때문이다.

마음을 편안하게 유지하기 위해

일본인의 마음에 있는 내적인 작용은 때로는 냉담하지만 웃음과 낙담의 히스테릭한 혼합물이라는 양상을 지니고 있다. 그 때문에 때때로 제정신이 아닌가 하고 의심하게 될 때가 있다. 나는 우리 마음의 내적인 작용을 조금이라도 설명할 수 있으면 그것으로 만족한다.

일본인의 고통을 견디는 심리와 죽음에 대한 대범함은 신경이 무디기 때문이라고 여기고 있다. 그것도 일리가 있다고 생각한다.

다음의 질문은 이것이다: 왜 일본인의 신경은 긴장감이 결여되어 있는 것일까. 일본의 기후와 풍토가 미국만큼 자극적이지 않다는 것도 한 원인일지도 모르겠다. 일본의 군주제가 프랑스의 공화제만큼 사람을 흥분시키기 않기 때문일 수도 있다. 일본인이 영국인만큼 칼라일의 《의상철학》을 열심히 읽지 않기 때문일 수도 있다.

나는 스스로 끊임없는 극기가 필요함을 인식하고 있고 강화시

켜야 한다고 생각한다. 그것은 일본인의 격하기 쉽고 민감한 성질에 의한 것이었다고 믿고 있다. 그러나 어떻게 설명을 하든 오랜 세월에 걸쳐 극기의 훈련을 생각 속에 넣지 않는 한 어떤 것도 올바른 설명이 될 수가 없다.

극기 훈련은 때로는 도를 지나치기 쉽다. 그것은 동정심을 완전히 억제할 수도 있다. 솔직한 마음을 비뚤게 만들거나 어처구니없는 것으로 변화시킬 수도 있다. 편견을 낳거나 위선을 키우거나 애정을 둔하게 만들 수도 있다.

그 덕목이 아무리 고상한 것이라고 해도 그것이 지니고 있는 부정적인 면과 그와 유사한 것이 존재한다. 우리는 각각의 덕목 가운데 그것 자체의 뛰어난 점을 인정하고, 그것이 이상으로 삼는 것을 적극적으로 밀고 나가야 한다.

그리고 극기의 이상은 일본인의 표현 방법을 빌리면 마음의 안락함을 유지하는 것이다. 또한 그리스어에 따르면 데모크리토스가 궁극적 선으로 부른 유쾌함(euthymia)의 상태에 도달하는 것이다.

극기는 다음 장에서 고찰할 두 가지 제도, 즉 자살과 원수를 갚는 제도 가운데 자살에서 그 극치의 경지가 발달했고 잘 표현되고 있다.

12

'할복(割腹)': 사는 용기, 죽는 용기

할복에서 '배[腹]'는 무엇을 의미하는가

할복과 원수 갚음으로 알려져 있는 두 제도에 대해서는 많은 외국인 저술가에 의해 상세하게 기술되어 있다.

먼저 자살부터 살펴보자. 내 고찰은 일반적으로 알려져 있는 할복(배를 칼로 그어 자살한다) 또는 절복(切腹; 일본에서는 하라키리보다 셋푸쿠라는 말을 많이 쓴다)에 국한되어 있지 않다.

이 말을 처음 듣는 사람은 "배를 칼로 긋는 것은 얼마나 어리석은 짓인가"라고 말할 것이다. 이국인의 귀에는 매우 기묘하게 들릴 것이다.

그러나 셰익스피어를 읽은 사람은 그 일이 그다지 놀라운 것이 아님을 알고 있을 것이다. 셰익스피어는 브루투스의 입을 빌려 다음과 같이 말했다:

"너(카이사르)의 혼백이 나타나 내 칼을 거꾸로 쥐고 내 배를 긋는구나."

또한 영국의 시인인 에드윈 아널드의 《동방의 빛》이라는 작품에서 여왕의 배에 꽂힌 검에 대해 노래하는 것에 귀를 기울여 보라. 제노바의 팔라초로소에 있는 G. F. B. 게르치노(17세기의 이탈리아 화가)가 묘사한 〈카토의 죽음〉이라는 그림을 보라. 아디손이 카토의 입을 빌려 노래하고 있는, 죽음에 닥쳐 읊은 시를 읽은 사람은 누구라도 그의 배에 반쯤 꽂혀 있는 검을 조롱할 수는 없을 것이다. 이 죽음의 양식은 일본인의 마음에 가장 귀한 행위, 가장 마음을 울리는 슬픔을 연상시킨다. 이런 사실을 통해서 일본인의 할복에 대한 생각이 혐오나 조소에 의해 파괴되지 않을 것으로 믿는다.

덕과 위대함·훌륭함 등의 생각은 놀랄 정도로 다양하게 변화한다. 따라서 죽음의 가장 추한 형식에도 숭고함이 깃들어 있고, 새로운 생명의 상징이 되기도 한다. 그렇지 않았다면 콘스탄티누스 황제가 본 '십자가'가 세계를 정복하는 일은 없었을 것이다.

일본인의 마음속에서 할복이 불합리한 면이 조금도 없다는 것은 외국에도 그 예가 있기 때문만은 아니다. 신체 가운데 특히 이 부분을 선택해서 가르는 것은, 그 부분이 영혼과 애정이 깃드는 곳이라는 오래 된 해부학의 신념을 바탕한 것이다.

모세가 '요셉과 그 동생을 위해 장(腸)을 태우는 것처럼'이라고 쓰고, 다윗은 주에게 그 장(동정)을 잊지 말라고 기도했다. 이사야·예레미야, 그리고 그외 희생의 영감을 받은 선지자들도 장이 "소리를 내며 움직인다"라든지 "장이 아프다"라고 말했다. 이들 모두는 뱃속에 영혼이 깃들어 있다는 일본인 사이에 널리 퍼져 있는 신앙과 공통점을 지니고 있다.

셈족은 항상 간장·신장 및 그 주변의 지방(脂肪)에 감정과 생명이 깃든다고 생각했다. '배'라는 말은 그리스어의 프렌(phren)이나 투모스(thumos)보다 넓은 의미를 지닌 말이다.

그리고 일본인과 그리스인은 마찬가지로 인간의 영혼은 이 부위 어딘가에 깃들어 있다고 생각했다. 이렇게 생각하는 민족은 고대인에만 국한된 것은 아니다. 프랑스의 뛰어난 철학자 데카르트는 영혼이 송과선(松果腺)에 있다는 이론을 내놓았다. 그렇지만 프랑스인은 막연한 부분이기는 하지만 생리학적으로는 의미가 분명한 ventre(복부)라는 말을 '용기'라는 의미로 사용하고 있다. 마찬가지로 entraille(복부)라는 프랑스어는 '애정'이나 '배려'라는 의미로도 사용된다.

이와 같은 신앙은 단순히 미신이라고 치부할 수 없다. 심장이 감정의 중추라고 하는 일반적인 생각보다 과학적이다. 일본인은 수도사에게 듣지 않고도 로미오(셰익스피어의 《로미오와 줄리엣》의 남자 주인공)보다도 먼저 "이 악취나는 유해의 추한 부분에 사람의 이름이 깃들어 있을까"라는 것을 알고 있었다.

근대의 신경학자는 복부 뇌수라든지 허리 부분의 뇌수라는 것을 말하면서, 복부나 골반에 존재하는 교감신경 중추가 정신 작용에 의해 대단히 강한 자극을 받는다고 설명한다. 이 정신생리학적 견해를 일단 인정하면 할복의 논리는 아주 쉽게 조립될 수 있다:

"우리가 영혼이 있는 곳을 열고 당신에게 그것을 보여 줄게요. 더러운지 깨끗한지는 당신이 스스로 보세요."

나는 자살의 종교적·도의적 정당성을 주장하고 있다는 오해를 받고 싶지 않다. 그러나 명예를 무엇보다 중히 여기는 생각은 많은 사람들이 자기 목숨을 스스로 버리는 충분한 이유였다.

명예를 잃었을 때는 죽음조차 구할 수 없다.
죽음은 치욕보다 확실한 피난처.

S. 가스(17-18세기의 영국 시인)가 이렇게 노래한 것에 대해 얼마나 많은 사람들이 따르고 순순히 그들의 영혼을 황천으로 인도했을까.

할복은 하나의 법제도, 의식 전례다

무사도에서는 명예의 문제와 결부되어 있는 죽음을 많은 복잡한 문제를 해결하는 열쇠로 받아들였다. 큰 뜻을 품은 사무라이에게는 다다미 위에서 죽는 것은 기개가 없는 죽음으로 보았기 때문에 그들이 꿈꾸는 죽음이 아니었다.

나는 감히 말한다. 많은 선량한 그리스도교도가 충분히 정직하다면 카토·브루투스·페트로니우스 아르비테르(1세기의 로마 작가) 및 그외 희생된 많은 위대한 사람들이 지상에서의 생명을 스스로 끊은 태도에 대해 적극적으로 찬양하지는 않아도 매력을 느낀다고 고백할 것이다.

철학의 시조인 소크라테스의 죽음이 반쯤은 자살이라고 말하면 너무나 대담한 말일까. 그에게는 탈출할 수 있는 기회가 있었다. 그럼에도 불구하고 왜 그는 스스로 국가의 명령에 따랐던 것일까. 국가의 명령이 도덕적으로 잘못되었음을 알고 있음에도 불구하고 그는 거기에 순종했다. 그리고 소크라테스가 스스로 독배를 마시고 그 몇 방울을 신에게 바치는 장면을 그의 제자들이 상세하게 기술해 놓았다.

이 이야기를 들으면 우리는 소크라테스의 행위와 태도에서 분명히 자살의 의지가 있었음을 인정해야 한다. 이 경우 일반적인 처형처럼 육체적인 강제는 없다. 그러나 재판관의 판결이 강제였다는 것은 틀림없는 사실이다. 즉 "너는 죽어야 한다. 그러나 그것은 네 손에 의해서 이루어져야 한다"라고.

만약 자살이라는 것이 자기의 손으로 죽는 것 이상을 의미하지 않는다면 소크라테스의 경우는 분명히 자살이다. 그러나 자살을 싫어한 플라톤은 그의 스승을 자살한 사람이라고 부르지 않았다.

지금 독자 여러분에게 할복이 단순한 자살 수단이 아님을 이해시켜 주고 싶다. 할복은 하나의 법제도이며, 동시에 의식 전례였다. 중세에 생겨난 할복이라는 것은 무사가 스스로의 죄를 알고 과거를 사죄하며 불명예를 피하거나 친구를 구하기 위해 스스로 성실함을 증명하는 방법이었다.

법률상의 처벌로 할복이 행해지는 경우에는 그 나름대로의 의식에 따라 실행되었다. 그것은 둔화된 자기 파괴였다. 극히 냉정한 감정과 침착한 태도가 없다면 할복을 할 수 없었다. 이상의 이유에서 할복은 무사 계급에 잘 어울리는 제도였다.

할복은 어떻게 행해졌는가

 호사가적 호기심 때문이기도 하지만, 나는 여기서 이미 사라지고 없는 의식을 묘사해 보려고 한다. 그러나 이미 나보다 훨씬 뛰어난 능력을 지닌 작가가 할복에 대해 탁월한 묘사를 해놓았다. 그래서 나는 별로 읽힌 적이 없는 책에서 인용을 하려고 한다.
 《옛 일본 이야기》에서 미트퍼드는 일본의 진귀한 문서에서 '할복'에 관한 논문을 번역하고 자기가 목격한 처형의 예를 상세하게 서술해 놓았다:

 우리(7인의 외국 사절단)는 일본측의 검시관(檢視官)을 따라 그 절의 '본당'으로 초대되었다. 여기서 할복 의식이 행해진다는 것이었다. 그 의식은 참으로 당당하고 잊을 수 없는 광경이었다.
 본당의 지붕은 높았고, 검은 기둥으로 받쳐져 있었다. 천상에는 불교 사원 특유의 거대한 금색 등롱과 장식이 많이 늘어져 있었다.
 정면에 보이는 한 단 높은 곳에 놓여 있는 불단 앞에는 바닥에서 3,4치 높이의 자리가 마련되어 있었다. 거기에는 아름다운 새 다다미가 깔려 있었고 붉은 양탄자가 덮여 있었다. 같은 간격으로 세워져 있는 키가 큰 촛대는 약간 어둡지만 신비로운 빛을 내뿜고 있었다. 그것은 여기에서 행해지는 것의 진행을 지켜볼 수 있는 충분한 조명이었다. 일곱 명의 일본인 검시관이 할복의 자리를 향해 오른쪽에, 일곱 명의 외국인 검시관은 왼쪽에 앉았다. 그외에는 아무도 그 자리에 없었다.
 마음을 가라앉힐 수 없는 몇 분이 지나고 마침내 32세 된 늠름한 장부인 다키젠 사부로(瀧善三郞正信)가 조용히 본당으로 들어왔다.
 그는 이 의식을 위해 마로 만든 예복을 입고 있었다. 그의 뒤에는 한 사람의 '개착인(머리를 베는 사람)'과 금실의 '진우직(陣羽織)'을 입은 세 사람의 관리가 따랐다. '개착'이라는 말은 영어의 ex-ecutioner(처형인)와 같은 말이 아님을 밝혀두어야겠다. 그 역할은 훌륭한 신분을 가진 사람이 아니면 할 수 없었다. 대개는 할복하는 자의 일족이나 친구가 그 역할을 맡았다.

이 양자의 관계는 희생자와 처형인이라는 관계가 아니다. 오히려 주역과 조역의 관계라고 하는 편이 나을 성싶다. 이번의 '개착'은 다키젠 사부로의 제자의 한 사람이었다. 그는 검의 달인이라는 이유로 또래에서 선발되었다.

마침내 '개착'을 왼쪽에 거느리고 다키젠 사부로는 일본인 검시관 쪽으로 다가갔다. 두 사람은 검시관을 향해 정중하게 절을 하고, 다음으로 외국인 검시관에게 와서 마찬가지로 정중하게 절을 했다. 양쪽 검시관은 엄숙하게 답례를 했다.

이 죄인은 천천히 위풍 있는 태도로 할복을 위한 높은 자리에 올라가 정면의 불단에 두 번 절을 하고 나서 불단을 등지고 양탄자 위에 정좌했다.[17] '개착'은 그의 왼쪽에 쭈그리고 앉았다. 세 사람의 관리 가운데 한 사람이 신불에게 바칠 때 쓰는 대(臺) —— 삼보(三寶)를 가지고 앞으로 나왔다. 그 삼보에는 백지로 싸인 '호신용 칼'이 놓여져 있었다. '호신용 칼'은 일본의 단도 또는 비수였다. 길이는 약 9치 5푼 정도로 면도날처럼 예리했다. 관리는 그 삼보를 죄인에게 건네 주고 절을 했다. 다키젠 사부로는 두 손을 머리 높이까지 올려 삼보를 정중하게 받아 자기 앞에 놓았다.

다시 한 번 정중한 절을 되풀이한 다음 다키젠 사부로는 다음과 같은 말을 했다. 그 목소리에는 고통스러운 고백을 하는 사람에게서 예상할 수 있는 정도의 감정의 격앙이나 주저가 드러나기는 했지만 안색이나 자세에는 조금도 흐트러짐이 보이지 않았다:

"졸자(拙者)는 무분별하게도 고베에서 외국인에 대해 발포 명령을 내렸고, 도망치는 외국인을 향해 다시 발포 명령을 내렸습니다.

졸자는 지금 그 죄를 갚기 위해 배를 가릅니다. 검시관님에게 폐가 많습니다."

다시 절을 하고 다키젠 사부로는 마로 만든 예복의 띠를 풀고 상반신을 드러냈다. 관례대로 주의 깊게 그는 옷의 소매를 무릎 위에 포개 뒤로 넘어지지 않게 했다. 신분이 높은 일본의 무사는 앞을 향해서 쓰러져 죽어야 했기 때문이다.

다키젠 사부로는 천천히 그러나 단호한 손놀림으로 앞에 놓인 단도를 들어올렸다. 한순간 그는 단도를 가련하다는 듯이 바라보았다. 그는 마지막을 위해 잠시 동안 생각을 집중하고 있는 듯이 보였다.

그리고 다키젠 사부로는 단도로 왼쪽 배 아래를 깊이 찌르고 천천히 오른쪽으로 당겼다가 칼의 방향을 바꿔 조금 위쪽으로 갈랐다. 이 끔찍한 고통으로 가득한 동작을 하는 중에도 그의 얼굴은 근육 하나 움직이지 않았다. 단도를 뽑은 다키젠 사부로는 천천히 앞으로 몸을 기울여 목을 늘어뜨렸다. 그때 처음으로 고통스러운 표정이 그의 얼굴을 스치고 지나갔다. 그러나 신음소리는 내지 않았다.

그 순간 그때까지 다키젠 사부로의 옆에 쭈그리고 사태의 추이를 세심하게 바라보고 있던 '개착'이 일어나 순간적으로 검을 허공으로 휘둘렀다.

휘익하는 무거운 공기를 가르는 소리가 들리고 뭔가 쿵 하고 떨어졌다. 큰 칼의 일격에 목과 몸통이 분리되었다.

실내에는 아무 소리도 들리지 않는 적막이 휘감고 있고, 다만 우리 눈앞에 있는 이미 생명을 빼앗긴 살덩어리에서 끊임없이 흘러내리는 피 소리만 들릴 뿐이었다. 얼마 전까지만 해도 용감하고 예의발랐던 대장부는 이렇게 참혹하게 변한 것이다. 그것은 너무나 끔찍한 광경이었다.

'개착'은 깊숙이 절을 하고 이미 준비해 두었던 백지로 칼을 닦고 자리에서 물러났다. 피투성이 단도는 할복의 증거로 엄숙하게 들고 나갔다.

그리고 '미카도' 정부의 검시관 두 사람이 자리에서 일어나 외국인 검시관이 앉아 있는 곳으로 다가와 다키젠 사부로의 죽음을 통한 처리가 문제 없이 수행되었음을 검시하고 싶다고 말했다.

의식은 끝나고 우리는 절을 떠났다.

일본의 문학 작품과 목격자의 이야기로부터 '할복'의 묘사를 찾아내는 것은 매우 쉬운 일이다. 그러나 다른 예를 하나 드는 것으로 충분할 것이다.

사콘(左近)과 나이키(內記)는 24세와 17세의 형제로, 아버지의 원수를 갚기 위해 도쿠가와 이에야스를 습격하려고 했다. 그러나 안타깝게도 이에야스의 진영에 잠입하기 전에 붙잡히고 말았다. 이에야스는 자기의 목숨을 노린 젊은이들의 용감함을 칭송하고, 그들에게 명예로운 죽음을 맞이할 수 있도록 해주라고 명령했다.

이 형의 선고는 형제의 일족 모든 남자에게 내려졌기 때문에 두 사람의 막내동생인 이제 8세 된 하치마로(八麿)까지 같은 운명에 놓였다. 그리고 이 세 명은 처형이 거행되는 절로 연행되었다. 그 자리에 입회한 의사가 그 과정 전체를 일기로 남겼다. 거기에는 다음과 같은 정경이 기록되어 있다:

마지막이 되어 세 사람이 일렬로 앉았을 때 사콘은 막내에게 "하치마로가 먼저 배를 갈라라. 잘할 수 있도록 지켜보아 줄 테니까"라고 말했다. 어린 동생이 대답하기를, 나는 아직도 '할복'을 본 적이 없기 때문에 형들이 하는 것을 보고 그후에 따라하고 싶다고 말했다. 두 형은 눈물을 흘리면서도 미소를 지으며 "좋다, 그래야 아버지의 아들이지"라고 말했다. 그래서 두 사람 사이에 막내인 하치마로를 앉히고 사콘은 자기 배의 왼쪽에 단도를 찔러넣었다.

"하치마로야 잘 보았느냐. 너무 깊이 찔러서는 안 된다. 그렇게 하면 뒤로 넘어지게 돼. 앞으로 몸을 굽혀야 하지만 무릎을 허물어서는 안 된다."

나이키도 마찬가지로 배에 칼을 찌르면서 말했다. "눈을 부릅떠야 한다. 그렇지 않으면 여자의 죽은 얼굴과 비슷해져. 칼 끝이 장에 닿으면 있는 힘을 다해 옆으로 돌려라"고. 하치마로는 두 형을 교대로 지켜보았다. 두 사람이 모두 할복을 하자 하치마로는 상체를 드러내고 배운 그대로 배를 갈랐고, 죽음에 이르렀다.

무사도에서 사는 용기와 죽는 용기

당연한 말이지만 '할복'의 영광은 정당하다고 인정할 수 없는 범죄에 대해서도 확대되어 남용되었다. 도리에 어긋난 원인이나 죽음에는 가치가 없다는 이유 때문에 혈기 넘치는 젊은이들은 흡사 불 속으로 뛰어드는 부나방처럼 죽음을 서둘렀다.

혼란스럽고 불분명한 농기에 의해 절로 뛰어드는 비구니보다 많은 사무라이들이 이 행위 속으로 뛰어들었다. 생명의 대가는 비싸지 않았다. 그것은 세상에서 명예의 기준으로 삼았기 때문에 더 쌌다.

가장 서글픈 일은 명예에도 '계산'이 내재되어 있었다는 것이다. 그것은 순금이 아니라 비금속과 합금된 것이었다.

단테의 《신곡》 속의 〈지옥편〉에서 단테가 자살한 사람들을 모두 옥리에게 건네는 제7권만큼 일본인다운 사람들로 넘치는 곳은 따로 없을 것이다.

그러나 참된 사무라이에게는 헤프게 죽음을 서두르거나, 죽음을 연모하는 것은 비겁과 동의어였다.

한 사람의 전형적인 무사를 예로 들겠다. 그는 몇 번의 전쟁에서 패하고 산과 들을 방황하며 숲이나 동굴에 숨어 살았다. 그리고 어느 날 칼도 없고 활은 부러졌으며, 화살도 떨어지고 어두운 나무 그늘 아래에서 배고픔을 견디고 있는 자기를 발견했다. 이런 상황이었다면 자존심이 강한 로마인(브루투스)조차도 스스로 자살을 했을 것이다. 그러나 이 사무라이는 그 자리에서 죽는 것은 비겁함이라고 생각했다. 그리고 그리스도교의 순교자의 불굴의 정신과 닮은 마음으로 시를 한 수 읊으며 자기를 격려했다:

우울한 일은 다시 그 위에 쌓이고
끝이 있는 몸의 힘을 시험해 보지 못하는구나.

온갖 인고와 역경에도 인내와 고결한 마음을 지니고 맞선다. 이것이 무사도의 가르침이었다. 그것은 맹자의 가르침과도 통한다:
"그러므로 하늘이 큰 책임을 이 사람에게 내리려 하심에 반드시 그 마음과 뜻을 괴롭게 하며, 그 힘줄과 뼈를 수고롭게 하며, 몸과 살을 주리게 하며, 몸을 궁핍게 하여 행하려 하는 것을 거슬리고 어지럽게 하는 것이니, 마음을 움직이고 성품을 참아서 그 능치 못한 것을 더하는 것이다."[18] 《맹자》)

참된 명예는 하늘이 명하는 것을 따르는 것이다. 그를 위해서는 죽음을 초래해도 그것은 불명예가 아니다. 하늘이 주려고 하는 것을 피하기 위한 죽음은 비열한 것이다.

토머스 브라운의 독특한 저서인 《종교의학》 속에 무사도가 되풀이해서 가르치고 있는 것과 동일한 것이 있다. 그것은 다음과 같다:

"죽음을 경멸하는 것은 용기 있는 행위다. 그러나 사는 것이 죽는 것보다 훨씬 곤란한 경우에는 오히려 사는 것이 참된 용기다."

17세기의 어느 유명한 승려는 얼마간 풍자를 섞어서 "평생 말을 교묘하게 하더라도 죽을 만한 일이 없는 사무라이는 진정한 순간에 도망쳐 숨는 사람이다"라고 말하며, 또한 "일단 마음속에서 죽음을 맞이한 사람에게는 사나다(眞田)의 창이나 다메토모(爲朝)의 화살도 통하지 않는다"라고 말했다.

일본인은 "자기를 위해 자기 목숨을 잃는 사람은 이를 구할 수 없다"라고 가르친 위대한 예수의 가르침과 얼마나 비슷한가.

이들 말은 그리스도교도와 이교도의 차이를 가능한 넓히려고 하는 간절한 시도에도 불구하고 인류의 도덕적 일체성을 확인하는 데 도움이 되는 많은 예증의 불과 두세 개에 지나지 않는다.

'사십칠사(四十七士)'의 원수 갚음에서 보는 두 판단

이상에서 본 것처럼 무사도의 자살제도는 그 남용이 얼핏 보기에 우리를 놀라게는 하지만 불합리하지도 야만스럽지도 않다는 것을 알았을 것이다.

그래서 다음으로 이 제도와 자매 관계에 있다고 해도 좋을 '원수 갚음' 또는 '복수'라고 불러도 좋을 제도에 동정할 만한 점이 있는지를 살펴보자. 나는 이 문제에 대해서는 짧게 끝내려고 한다. 왜냐하면 원수 갚음과 같은 제도, 또는 관습이라고 해도 좋다면, 이와 같은 관습은 모든 민족 사이에서 행해졌다. 그리고 지금은 완전히 사라졌다고 말하기 어렵기 때문이다. 이 사실은 끊임없는 결투나 폭행이 끊이지 않는 것에서 볼 수 있다.

한 미국인 장교는 드레퓌스의 원수를 갚아야 한다고 말하고, 에스테라지에게 결투를 신청하기도 했다.

결혼이라는 제도가 없는 미개 민족 사이에서 간통은 죄가 아니었다. 다만 애인의 질투만이 여성을 불륜으로부터 지켜 줄 뿐이다. 형사재판소가 없었던 시대에는 살인이 죄가 아니었다. 피해자의 연고자에 의한 치밀한 복수만이 사회질서를 유지했을 뿐이다.

"이 세상에서 가장 아름다운 것은 무엇일까"라고 오시리스(이집트의 주신)는 호루스(오시리스의 아들로 오시리스를 살해한 세트와 싸워 이겼다)에게 물었다. 그 대답은 '친구의 원수를 갚는 것'이었다. 일본인은 여기에 '주군의 적'을 더한 것이다.

복수에는 사람의 정의감을 만족시키는 무엇인가가 있다. 원수를 갚으려고 하는 사람은 다음과 같이 그 생각을 전개시킨다: "나의 선한 아버지에게는 죽어야 할 이유가 전혀 없었어. 내 아버지를 살해한 녀석은 큰 범죄를 저지른 거야. 만약 아버지가 살아 계셨다면 이런 행위에 대해 결코 간과하지 않았을 거야. 하늘 역시 악한 행동을 증오해. 악을 행하는 사람에게 그것을 하지 못하게 하는 것이 아버지의 의지이며 하늘의 의지야. 지금 나는 내 손으로 그 녀석을 매장해야 해. 왜냐하면 그 녀석이 우리 아버지에게 피를 흘리게 했으니까. 아버지의 피를 이어받은 내가 살인자에게 피를 흘리게 만들어야 해. 나와 그는 같은 하늘 아래에서 함께 살 수 없는 사이야."

이 생각이 단순하고 유치하다고 말할지도 모르겠다. 그러나 햄릿조차 이 이상만큼 깊은 생각 속으로 빠져들지 않았다. 그것은 널리 알려진 사실이다. 그러나 그럼에도 불구하고 그 생각 속에는 정확한 평형 감각과 평등한 정의감이 드러나 있다. '눈에는 눈, 이에는 이'가 그것이다.

우리의 복수 감각은 수학 능력과 마찬가지로 정확하다. 등식의 양쪽 항이 만족되지 않는 한 무엇인가 끝나지 않고 남아 있다는 느낌을 떨칠 수가 없다.

질투심 강한 신을 믿은 유대교나 복수의 여신을 낳은 그리스 신화에서는 원수를 갚는 일이 인간을 초월한 존재에게 맡겨져 있었다고 말할 수 있을지도 모르겠다. 그러나 인간의 상식이 무사도 속에 도덕적인 균형을 유지시키기 위한 일종의 도덕 법정으로 원수 갚음이라는 제도를 만들어 낸 것이다. 사람들은 이를 통해 보통의 '규칙'에 의해서는 재판을 받을 수 없는 사건을 호소했던 것이다. '사십칠사'의 주군인 아사노 다쿠미노카미〔淺野內匠頭〕에게 죽음이 내려졌다. 그에게는 항소를 할 수 있는 상급 법정이 없었다. 따라서 충의를 품고 있는 그의 가신들은 유일한 최고 법정이라고 할 수 있는 '원수 갚음'이라는 수단에 호소할 수밖에 없었다.

가신들의 재판은 당시의 일반적인 규칙에 따라 행해졌다. 그리고 죄인으로 취급받았다. 그러나 일반 대중의 본능은 다른 판단을 내렸다. 그 결과 사십칠사의 이야기는 오늘날에 이르기까지 센가쿠지〔泉岳寺〕에 있는 그들의 묘지처럼 녹음이 우거지고 향기로움을 내뿜으며 사람들의 마음에 살아 있는 것이다.

노자는 "원한을 갚는 것은 덕과 닮은 것이다"라고 가르쳤다. 그러나 "곧음으로 원한을 갚아야 한다"(《논어》)라고 가르친 공자 쪽이 훨씬 호응이 컸다. 그러나 원수 갚음은 연장자나 은혜를 입은 사람을 위할 때에만 정당한 것이다. 자기의 개인적인 손실이나 처자에게 가해진 위해는 참아야 했고 허용해야 하는 것으로 여겼다. 따라서 사무라이는 조국에 가해진 위해에 대해 원수를 갚으려는 한니발〔기원전 1-2세기의 카르타고의 정치가이며 장군〕의 맹세에 대해서는 쌍수를 들어 찬동한다. 그러나 제임스 해밀턴〔17세기의 스코틀랜드 정치가이며 장군〕이 자기 아내의 묘에서 한줌의 흙을 움켜쥐어 허리에 차고, 그것을 섭정인 마레에 대한 아내의 원수를 갚기 위한 끊임없는 자극으로 삼았다는 사실은 경멸한다.

이렇게 '칼은 무사의 영혼'이 되었다

할복과 원수 갚음이라는 제도는 근대 형법 법전의 발포에 의해 존재 이유를 잃었다. 오늘날에는 젊은 딸이 변장하고 아버지의 원수를 추적하는 인정 넘치는 이야기를 들을 수가 없다. 근친자 사이에서 행해진 복수의 비극을 더 이상 볼 수가 없다. 미야모토 무사시〔宮本武藏〕의 무사 수행은 이미 과거의 이야기가 되고 말았다.

규율이 엄정한 경찰은 피해자를 위해 범인을 수색하고 법률이 정의를 계량한다. 국가와 사회 전체는 불법이 정당화되는 것을 본다.

정의감이 충족되면 '원수 갚음'의 필요성은 사라진다. 뉴잉글랜드의 한 신학자가 말한 것처럼 원수 갚음이 "희생자의 산 피로 그 굶주림을 채우는 욕망이 낳은 마음의 허기"에 불과한 것이라면, 형법의 법전의 불과 몇 조항에 의해 근절되지는 않을 것이다.

'할복'에 대해서는 이 역시 '법적'으로는 존재하지 않는 것이 되었다. 그렇지만 우리는 아직도 행해지고 있다는 것을 듣는다. 그리고 우리의 과거가 기억에 머물러 있는 한 앞으로도 그 이야기를 들을 수 있을 것이다. 자살 신봉자는 이 세계에서 무서울 정도로 증가하고 있고, 고통이 없고 번거롭지 않은 자살 방법이 유행할 것이다. 그러나 E. L. 모르젤리(20세기의 이탈리아 작가)는 자살의 여러 방법 가운데에서 '할복'에게 귀족적인 지위를 부여하지 않을 수 없을 것이다.

왜냐하면 이 저자는 "고통으로 가득한 방법, 또는 장시간의 고민을 필요로 하는 자살이 행해질 때 그 99퍼센트가 광신·광기 또는 광적인 흥분에 의한 착란된 정신 상태에서 저질러질 것이다"[19]라고 주장하고 있기 때문이다. 그러나 올바르게 행해지는 '할복'의 경우는 광신·광기·흥분 등은 조금도 섞여 있지 않다. 할복 수행의 성공에는 극도의 냉정함을 필요로 한다. J. 스트라한은 자살을 합리적 또는 유사 자살과 불합리적 또는 진실한 자살로 분류했다.[20] '할복'은 전자의 가장 좋은 예다.

이들 피투성이 제도에서도 또한 무사도의 일반적인 경향에서도 칼이 사회의 규율이나 생활에서 중요한 역할을 했다고 추론하는 것은 쉬운 일이다. '칼은 무사의 영혼'이라는 말은 금언의 경지까지 이르렀다.

13

'칼' : 왜 무사의 영혼인가

칼은 충성과 명예의 상징

무사도는 칼을 그 힘과 무용의 상징으로 여겼다.

마호메트는 "검은 천국의 열쇠이기도 하고 지옥의 열쇠이기도 하다"라고 선언했는데, 그것은 일본인의 생각을 반복한 것에 지나지 않는다.

사무라이의 아들은 아주 어릴 때부터 칼 휘두르는 것을 배운다. 그들이 다섯 살이 되면 사무라이의 정장을 입히고 바둑판 위에 앉힌다. 그리고 그때까지 가지고 놀던 장난감 단도 대신에 진짜 칼을 허리에 차는 것으로 무사의 동료로 받아들여진다. 그날은 그 아이에게 기념할 만한 매우 중요한 날이다.

이 '무사 입문'의 첫번째 의식이 행해지면 이 신분의 상징을 몸에 지니지 않으면 밖으로 나가지 않는다. 그러나 보통은 은으로 칠한 나무칼을 대용으로 지니고 다닌다. 얼마 지나지 않아 그 아이는 둔한 칼이기는 하지만 진짜 칼을 차게 된다. 가짜 칼을 버리고 새롭게 손에 넣은 칼날보다도 예리한 기쁨을 손에 쥐고 바깥으로 뛰쳐나가 주위의 나무와 돌을 상대로 칼맛을 체험해 본다. 15세에 관례를 치르고 독자적인 행동을 할 수 있게 되면 항시라도 도움이 될 수 있는 예리한 무기를 소지한 것에 자긍심을 느낀다. 위험한 무기를 지니는 것은 한편으로 그에게 자존심과 책임감을 안겨 준다.

허리에 꽂고 있는 것은 그가 마음속에 품고 있는 충성과 명예의 상징이다.

두 개의 칼은 각각 대도(大刀)와 소도(小刀)로 불리며, 어떤 때라도 허리에서 풀어 놓아서는 안 되었다. 집 안에서는 서원이나 객실의 가장 눈에 잘 띄는 곳에 놓았다. 밤에는 손을 뻗으면 닿을 수 있는 곳에 놓여져 잠들어 있는 주인을 지켰다.

칼은 그 주인의 좋은 친구로 애용되었고, 그 애정을 나타내기에 적합한 애칭이 붙어 있었다. 그리고 그 애정이 강해지면 거의 숭배라고 해도 좋을 정도로 감정이입이 이루어졌다.

역사학의 비조 헤로도토스는 기이한 견문 가운데 하나로 스키타이인이 철제 초승달 모양의 칼에 제물을 바치는 것을 기록해 놓았다. 일본 사원이나 유명한 가문에는 칼을 숭배의 대상으로 소장하고 있었다. 아주 흔한 단도에 대해서도 그에 걸맞는 경의를 표시했다. 즉 칼에 대해 무례를 저지르는 것은 그 칼의 주인을 모욕하는 것으로 간주되었다. 바닥에 놓여 있는 칼을 부주의하게 넘어가는 자에게 화 있을진저!

이와 같이 귀중한 물건은 공예가의 관심이나 기교, 또는 소장자의 허영심에서 벗어날 수가 없다. 칼이 주교의 홀이나 왕의 홀과 같은 역할밖에 하지 못하는 태평성대에는 더욱 그랬다. 상어 껍질로 만든 자루, 최상급의 비단 감개, 금과 은으로 만든 차양, 다양한 색으로 칠한 칼집 등은 이 흉기에서 공포를 반쯤 제거해 주었다. 그러나 이런 장식들은 칼 그 자체에 비교하면 장난감에 지나지 않았다.

쇠를 달구는 것은 중요한 종교적 행위였다

대장장이는 단순한 기술자가 아니라 신의 부름을 받은 공예가였다. 그 일터는 성스러운 장소이기도 했다. 그는 매일 신불(神佛)

에게 기도를 올리고 목욕재계를 한 다음에야 일을 시작했다. 이른바 '그는 그 영혼을 때려서 쇠를 달궜던' 것이다. 큰 망치를 휘두르고 숫돌에 칼을 가는 모두가 매우 중요한 종교적 행위였다. 일본의 검이 사람에게 외경심을 불러일으킬 정도로 마력을 지니게 된 것은 이 대장장이의 기백 때문일 것이다. 아니면 그가 가호를 빈 신불의 신령스러운 기운 때문일 것이다.

예술품으로서 그것들이 완전해지는 것이 아니라, 톨레도나 다마스쿠스의 이름난 칼을 능가하는 명검에는 예술이 부여하는 것 이상의 무엇인가가 있었다. 칼집에서 뽑혀진 순간 표면에 대기 속의 수증기를 모으는 얼음 같은 칼, 그 맑고 차가운 살갗, 푸르게 빛나는 섬광, 그 비교 대상이 없는 칼날. 거기에는 역사와 미래가 숨겨져 있다. 거기에 절묘한 아름다움과 최대한의 강도를 이은 휘어진 등——이것들 모두가 힘과 아름다움, 외경과 공포가 혼재한 감정을 우리에게 가지게 만든다.

만약 검이 아름다움과 환희의 공예품에 머문다면 그 역할은 결코 위험하지 않을 것이나. 그러나 그것은 손을 뻗으면 바로 닿을 수 있는 곳에 있기 때문에 마구잡이로 사용하고 싶다는 큰 유혹을 불러일으킨다. 칼날은 지나치게 자주 평화로운 칼집에서 번쩍 거림과 함께 밖으로 나왔던 것이다. 그 남용은 결국 새로 손에 넣은 검을 시험해 본다며 무고한 사람의 목을 자르기까지 했다.

그러나 우리가 가장 깊은 관심을 가지는 문제는 무사도가 칼의 무분별한 사용을 정당화했는지다. 그리고 그 대답은 분명히 '아니다' 다.

무사의 궁극적인 이상은 평화다

무사도는 적절한 칼의 사용을 강조하며 부당부정한 사용에 대해서는 엄격하게 비난했고, 그것을 기피했다. 마구잡이로 칼을 휘두르는 자는 오히려 비겁자, 또는 허세를 부리는 사람으로 여겼다. 침착하고 냉정한 사람은 칼을 사용해야 할 때가 언제인지를 알고 있었다. 그리고 그런 기회는 참으로 드물었다.

암살·자살 또는 그외의 피비린내나는 사건이 흔하게 일어났던 격동적인 시대를 지나온 가쓰 가이슈〔勝海舟〕의 말에 귀를 기울여 보자. 그는 옛 바쿠후〔幕府〕 시대의 어느 시기에 거의 모든 일을 혼자서 처리할 수 있는 권한을 가지고 있었다. 그 때문에 몇 번이고 암살의 대상이 되었다. 그러나 그는 결코 자기의 칼에 피를 묻히지 않았다.

가쓰 가이슈는 후에 그의 독특한 에도〔江戶〕 서민의 말투로 후일담을 이야기했는데 그 속에 다음과 같은 것이 있다:

"나는 사람 죽이는 것을 매우 싫어해서 한 사람도 죽인 적이 없어. 모두 도망치고 죽여야 할 때도 그대로 두었지. 그것은 가와카미 히코사이〔河上彦齋〕가 가르쳐 주었어. '당신은 그런 사람을 죽이지 않았는데, 그러면 안 됩니다. 호박이 되었든 가지가 되었든 당신은 따서 드셔야 합니다. 그놈들이 그런 녀석이지요'라고 말했어. 지독한 놈들이었지. 그러나 가와카미는 살해되었어. 내가 살해되지 않은 것은 죄없는 사람을 죽이지 않았기 때문일지도 몰라. 칼을 강하게 묶어서 결코 빠지지 않게 해놓았어. 사람에게 베이더라도 나는 베지 않을 작정이었지. 이나 벼룩이라고 생각하면 되는 거지. 어깨를 따끔하게 물리더라도 가려울 뿐이지 목숨이 걸린 것은 아니니까."

이것이 고난과 자부심이 불타오르는 난로 속에서 무사도의 교육을 받은 사람의 말이다. 잘 알려져 있는 격언에 '지는 것이 이기는 것'이라는 말이 있다. 이 격언은 참된 승리는 폭도에게 무턱대고 저항하지 않는 것을 의미한다. 또한 '피를 보지 않는 승리야말로 최선의 승리'라는 빈번하게 쓰이는 격언이 있다. 이들 격언은 무사의 궁극적인 이상이 평화임을 보여 준다.

이 숭고한 이상이 승려나 도덕가의 설교에만 맡겨지고, 사무라이는 무예의 단련이나 무예를 찬양하는 데 날이 새고지는 것은 매우 안타까운 일이다. 이런 결과 무사들은 여성의 이상상을 용감한 부인(아마조네스)이라고 생각하기에 이르렀다. 여기에서 여성의 교육과 지위라는 주제에 대해 살펴보는 것도 헛된 일은 아닐 듯하다.

14

무사도에서 추구하는 여성상

가정적이고 여걸이기도 할 것

인류의 절반을 점하고 있는 여성은 때로는 모순의 전형으로 불렸다. 그것은 여성의 마음속의 직관적인 작용이 남성의 '산수적 이해력'을 훨씬 뛰어넘기 때문이다. '신비적' 또는 '불가지(不可知)'를 의미하는 '묘(妙)'라는 한자는 '어리다'는 의미의 '소(少)'와 '여(女)'라는 두 한자가 조합되어 있다. 그것은 여성 신체의 아름다움과 섬세한 발상은 남성의 조잡한 심리적 이해력으로는 설명할 수 없기 때문이다.

그러나 무사도가 말하는 여성의 이상상에는 신비성이 극히 적고 외견적인 모순을 지니고 있다. 나는 전에 무사도의 여성의 이상을 아마조네스라고 말했는데, 그것은 진실의 반쪽에 불과하다. 처(妻)를 의미하는 한자인 '부(婦)'는 빗자루를 들고 있는 여성을 나타내고 있다. 이 빗자루는 당연한 말이지만 결혼 상대에 대해 공격을 하거나 방어하기 위해 휘두르는 것이 아니다. 또한 마법을 사용하기 위한 것도 아니다. 그것은 빗자루가 처음에 고안되었을 때의 무해한 사용 방법과 연관이 있다.

영어의 경우 처는 '천을 짜다'에서, 딸은 '우유를 짜다'라는 어원에서 발생했는데, 한자의 '부(婦)'의 경우도 이와 비슷하게 가정적인 어원을 지니고 있다.

독일의 카이저 황제(빌헬름 2세)는 여성의 활동 범위를 '부엌' ·

'교회'·'아이'라는 세 영역으로 제한했다고 한다. 그러나 그와 같은 제한이 없었다고 해도 무사도가 말하는 여성의 이상상은 지극히 가정적이었다. 얼핏 모순되는 듯이 보이는 가정적인 여자와 여걸적인 특성은 다음에서 보는 것처럼 무사도에서 양립되었다.

무사도는 본래 남성을 위해 만들어진 가르침이었다. 따라서 무사도가 여성에 대해 중하게 여긴 덕목도 여성적인 것과 거리가 먼 것은 오히려 당연한 것이었다. 빙켈만(18세기의 독일 미술사가)은 "그리스 예술에서 최고의 아름다움은 여성적이 아니라 남성적인 것이다"라고 말했다. 그리고 레키[21] 역시 여기에 더해 그리스인의 예술에서와 마찬가지로 도덕 관념에서도 그것이 진실이라고 말했다.

무사도는 마찬가지로 "자기 스스로 여성이 지닌 유약함에서 벗어나고, 보다 강하고 보다 용감한 남성에게 결코 지지 않는 영웅적인 무용을 보여 준" 여성을 찬양했다. 따라서 젊은 딸들은 감정을 억제하고 신경을 단련했으며 무기, 특히 긴 자루가 달린 '나기나타(薙刀)'라고 불리는 무기를 사용했고, 예상하지 못한 다툼이 있을 때 자기의 신체를 지키기 위해 훈련을 했다.

그러나 이런 종류의 무예 습득의 주된 동기는 전쟁에서 그것을 사용하기 위해서가 아니었다. 그것은 두 가지 동기 때문이었다: 하나는 개인을 위해서고, 다른 하나는 가정을 위해서였다. 주군을 갖지 못한 여성은 자기의 몸을 지킬 기술을 몸에 익혔다. 여성은 남편들이 주군의 몸을 보호하는 것과 마찬가지의 열의로 자기 몸을 깨끗하게 지켰다. 무예를 익힌 여성의 가정에서의 효용은 뒤에서 살펴볼 자식의 교육에서 발휘되었다.

여성에게 요구된 행동거지

검술과 그와 유사한 훈련은 실전에서 활용되는 경우는 거의 없었지만, 그래도 일상 생활에서 앉아 있는 일이 많은 여성의 건강을 유지하는 역할을 수행했다. 그러나 이들 훈련은 보건학적인 목적을 위해서만 행해진 것은 아니다. 필요에 따라서는 실제적인 도움이 되었다. 소녀들은 성년이 되면 '회검(懷劍)'이라는 단도를 받았다. 회검은 때로 그녀에게 달려드는 자의 가슴에, 때로는 자기의 가슴에 꽂는 칼이었다. 실제로는 후자의 경우가 압도적으로 많았다. 그러나 우리는 그녀들을 특별히 책망하지 않는다.

서양에서는 펠라기아와 도미니나라는 두 소녀가 순결을 지키고 신의 가르침에 충실하기 위해 자살을 했고, 훗날 성인의 반열에 올랐다. 그것을 보면 자살을 기피하는 그리스도교도의 양심조차 그녀들에 대해 엄격한 비난을 가할 수 없을 것이다.

일본의 버지니아(로마의 소녀로, 당시 독재자가 버지니아의 미모 때문에 자기 노예로 삼으려 하자 그녀의 아버지가 사람들이 보는 앞에서 버지니아를 찔러 죽였다)들은 그 정조가 위험에 처했을 때 아버지의 검을 기다리지 않았다. 그녀들은 품속에 항상 자기의 무기를 숨기고 있있다. 사해의 방법을 알지 못하는 것은 여자로서 수치스러운 일이었다. 비록 해부학적인 가르침을 받지는 못했지만 목의 어느 부분을 베어야 하는지는 알고 있어야 했다. 또한 죽음의 고통이 아무리 심하다 해도 그 시체는 흐트러짐을 보여서도 안 되고, 단정하고 편안한 자세를 지니고 있어야 했다. 그를 위해서는 두 무릎을 끈으로 묶는 방법을 알고 있을 필요가 있었다.

이와 같은 신중함은 그리스도교도인 퍼페투아 또는 성스러운 여자인 코르넬리아에 필적하지 않는가. 내가 이와 같은 예를 제시한 것은 일본인이 과거에 지니고 있던 목욕 관습이나, 그외의 사소한 소문을 바탕으로 일본인은 정조 관념이 강하지 않다는 오해가 있기 때문이다.[22]

또한 정조는 사무라이의 처에게 가장 귀중한 덕목으로, 생명을 걸고서라도 지켜야 할 것이었다.

어떤 젊은 여성이 사로잡혀 거친 무사에게 폭행을 당할 위험에 처했다. 그때 그 여자는 무사에게 만약 이 전쟁 때문에 헤어진 여동생들에게 편지를 쓰게 해주면 몸을 허락하겠다고 말했다. 그리고 편지를 다 쓰자마자 가까이에 있는 우물로 달려가 자기의 명예를 지키기 위해 그 속으로 뛰어들었다.

편지에는 다음과 같은 노래가 적혀 있었다:

세상과 만나면 어쩔 수 없이 구름도 이기지 못한다.
세상을 떠나 들어갈 산의 끝에 걸린 달.

아내의 의무는 무엇인가

남성 우월만이 여성에 대한 일본인의 최고 이상이었다는 생각을 독자에게 하게 하는 것은 얼마간 불공평한 일이다.

그런 일은 결코 없었다. 여성에게는 예술과 단아한 일상생활이 요구되었다. 음악·가무·독서를 하는 것은 결코 소홀한 일로 취급되지 않았다. 일본 문학에서 뛰어난 시의 일부분은 여성의 감정 표현이었다. 실제의 일본 여성은 '순문학'의 역사에서 헤아리기 어려운 큰 역할을 맡았다. 춤(여기서 춤은 기생의 춤이 아닌 사무라이 자녀의 춤을 가리킨다)은 행동거지를 매끄럽게 하기 위해서만 가르쳐졌다. 시를 읊는 일과 음악은 아버지 또는 남편의 우울함을 거두어 주기 위한 것이었다.

따라서 예술을 배우는 것은 반드시 기교나 기예 그 자체를 배우기 위한 것이 아니었다. 궁극적인 목적은 마음을 정화하기 위한 것이었다. 연기하는 자의 마음이 침착하지 않으면 음의 조화를 얻을 수 없다고 한다. 여기서 젊은이에게 교육을 할 때 동일한 생각이 적용되고 있음을 다시 볼 수 있다.

즉 다양한 예술은 항상 도덕적인 가치에 따라야 한다는 생각이 깔려 있었다. 음악이나 무용은 일상 생활에 우아함과 밝음을 안겨 주는 것으로 충분하다고 여겼다. 그것들은 허영이나 사치를 위한 것이 아니었다.

페르시아의 왕자는 런던에서 무도회에 참석해 춤을 추라는 말을 들었을 때 "우리 나라에서는 이런 종류의 일을 하는 특별한 여자들이 준비되어 있다"라고 퉁명스럽게 말했다고 하는데, 나는 이 왕자에게 전폭적인 지지를 보낸다.

일본 여성의 예술도 타인에게 보여 주거나, 그를 통해 세상에 나가기 위한 것이 아니었다.

그것은 집안에서 기분 전환을 하기 위한 것이었다. 비록 타인이 섞인 모임에서 보여 주는 경우도 있었지만 그것은 아내의 의무로, 다른 말로 하면 손님에 대한 환대의 일부였다.

집을 다스리는 것이 여성 교육의 이념이었다. 과거 일본 여성의 예술은 무예였고 문서였으며, 그것은 주로 가정을 위한 것이었다.

아무리 집에서 멀리 떨어져 있어도 그녀들의 뇌리에는 언제나 자기 집의 난롯가가 있었다. 그녀들이 몸이 부서지도록 일하고 때로는 생명까지 버려야 하는 것은 오직 하나, 집안의 명예를 위해서였다. 밤낮으로 부드럽게 또는 용맹스러우면서도 슬픈 정조로 그녀들은 그 작은 집을 향해 노래를 계속했던 것이다.

딸은 아버지를 위해, 처는 남편을 위해, 어머니는 아들을 위해 자기를 희생했다.

이처럼 어릴 때부터 한결같이 자기 몸을 부정하도록 배웠기 때문에 일본 여성의 생애는 독자적인 것이 아니라 종속적인 봉사 헌신의 일생이었다.

그 존재가 남편에게 도움이 된다면 아내는 남편과 함께 무대에 서고, 남편의 일에 방해가 된다면 막 뒤로 물러났다.

어떤 젊은이가 한 처녀를 사랑했다. 그 처녀 역시 그 젊은이를 사랑했다. 그런데 얼마 지나지 않아 처녀는 자기에 대한 사랑 때문에 젊은이가 일을 게을리한다는 것을 알아차렸다. 그러자 처녀는 자기의 매력이 젊은이를 방해한다고 생각하고 자기 손으로 일부러 미모에 손상을 입혔다. 이런 일은 드문 일이 아니었다.

무가(武家) 자녀의 귀감이 된 '아토마'는 남편의 명예를 깎아내리려고 애쓰는 남자가 자기를 짝사랑하고 있음을 알아차렸다. 그녀는 그를 좋아하는 척하며 어두운 밤에 남편 대신 누워 있었다. 그리고 사랑의 자객의 칼날은 그녀의 머리를 찔렀던 것이다.

자기 부정이 없고서는 '내조'의 공은 있을 수 없다

여성이 남편·가문 그리고 가족을 위해 자기 생명을 버리는 것은 남자가 주군과 나라를 위해 몸을 버리는 것과 마찬가지로 개인의 자유 의지를 바탕한 것이었기 때문에 명예로운 일이었다.

자기 부정——이것이 없이는 여자의 삶의 수수께끼를 풀 수 있는 열쇠를 발견할 수 없다. 그것은 남성의 충의와 마찬가지로 여성이 가정을 다스리는 것의 기본이었다. 여성이 남성의 노예가 아니었다는 것은, 그 남편이 봉건 군주의 노예가 아니었다는 것과 다를 것이 없다.

아내들이 수행한 역할은 '내조'의 공으로 인정되었다. 그녀들은 봉공(奉公)의 사다리에 서 있었다. 아내는 남편을 위해 자기를 버리고, 남편은 그를 통해 주군을 위해 자기를 버리고, 마지막으로 주군은 하늘에 따를 수가 있었던 것이다.

나는 이 교훈의 약점을 잘 알고 있다. 그리스도교에서는 삶을 살고 있는 하나하나가 모두 창조주에 대해 직접적인 의무를 지고 있다. 그리고 이것이 그리스도교의 가장 탁월한 우월성이다. 그럼에도 불구하고 봉사의 정신에 관해서는 무사도가 영원한 진리를 바탕하고 있다고 생각한다.

왜냐하면 무사도는 자기의 개성을 희생해서 보다 고차원적인 목적에 도움이 될 수 있도록 했다. 즉 그것은 그리스도가 말한 가르침 속에서 가장 큰 것인 사명의 성스러운 기조로 삼은 봉사의 가르침에 관한 것이기도 했다.

독자는 내가 의지의 작용을 노예적으로 복종시키는 것에 찬성한다는 부당한 편견을 가지고 있다고 비난할지도 모르겠다.

나는 헤겔이 박학한 지식을 심원한 사고에 의해 추진하고 논한 견해, 즉 역사란 자유의 진전 및 실현이라는 견해를 대폭 수용하고 있는 사람이다. 내가 분명히 하고 싶은 말은 무사도의 가르침 전체가 철저한 자기 희생의 정신에 물들어 있고, 그 정신은 여성뿐만 아니라 당연히 남성에게도 요구되었다는 것이다.

한 미국 여성해방 운동가는 "일본의 모든 젊은 여성들이여, 낡은 관습에 반대하기 위해 궐기하라"고 외쳤다. 그러나 이 자기 희생의 교훈이 완전히 사라지지 않는 한 일본 사회는 이 생각을 수용하지 않을 것이다. 그와 같은 반대운동은 성공할까. 그를 통해 여성의 지위가 개선될까. 그와 같은 성급한 운동에 의해 획득한 권리는 현재 일본 여성들이 이어받은 지극히 우수한 기질과 온순한 행동거지를 버릴 만큼의 가치가 있을까.

로마 여성들이 가정을 배려하지 않았기 때문에 말로 표현할 수 없을 정도의 도덕적 퇴폐가 만연했던 것은 아닐까. 미국 여성해방 운동가는 일본 여성들의 반란이 그녀들이 역사적 진보를 위해 취해야 하는 참된 진로임을 보증할 수 있을까.

이것들은 매우 뿌리 깊은 문제들이다. 변화는 그와 같은 반대운동이 없어도 찾아올 것이다. 여기서는 무사도가 제도로서 존재했던 시대에 여성의 지위가 진정으로 반란을 정당화할 정도로 열악했는지 잠시 살펴보자.

사무라이 계급의 여성 지위에 대해

우리는 유럽의 기사도가 '신과 숙녀'에게 바친 외견적인 존경에 대해 자주 듣는다. 그러나 이 두말 사이에 있는 부조화는 E. 기번(18세기의 영국 역사가)의 얼굴을 붉게 만들었다. 또한 H. 할람(19세기의 영국 역사가)은 기사도의 도덕성은 조야하고, 여성에 대한 친밀함은 부정한 사랑을 포함하고 있음을 밝혔다. 약한 여성에 대해 기사도가 미친 영향은 철학자들에게 반성의 양식이 되었다.

F. 기조(19세기의 프랑스 역사가)는 봉건제도와 기사도는 후세에 건전한 영향을 미쳤다고 말했다. 한편 스펜서는 군사사회(군사적이지 않은 봉건사회는 존재할 수 없다)에서 여성의 지위는 필연적으로 낮아지고 산업사회에 가까워지면서 그 지위가 개선된다고 말했다. 그렇다면 기조와 스펜서의 이론 가운데 어느쪽이 일본에 적용될 수 있을까. 이 문제에 대해서는 둘 다 옳다고 단언할 수 있다.

일본의 무사 계급은 사무라이로 국한되었고, 약 2백만 명에 이르렀다. 그 위에 군사귀족이라고 할 수 있는 '다이묘(大名)'와 궁정귀족인 '공가(公家)'가 있었다. 이들 신분이 높은 유한귀족은 이름뿐인 무가였다. 사무라이의 아래에는 일반 서민, 즉 농·공·상이 있었다. 그들의 생업은 태평성대의 생계 수단이었다.

이렇게 보면 허버트 스펜서가 군사형 사회의 특징으로 말한 것이 '사무라이' 계급에 국한되어 있다고 할 수 있을지도 모르겠다. 한편 산업형 사회의 특징은 그들 계급 구성상의 상층과 하층에 적용된다. 이것은 여성의 지위에서 잘 드러나 있다. 왜냐하면 모든 계급 가운데에서 사무라이 계급의 여성만큼 자유를 향유하지 못한 사람들은 없기 때문이다.

기묘하게도 사회적 신분이 낮을수록 남편과 아내의 지위는 평등해졌다. (그 예로 직인의 경우를 들 수 있다.) 또한 신분이 높은 귀족의 경우도 남성과 여성의 지위상의 차이가 그다지 현격하지 않았다. 그것은 주로 유한 계급이었던 귀족들이 말 그대로 여성화되었기 때문에 성에 의한 지위의 차이를 드러낼 수 있는 기회가 없었기 때문이었다. 이처럼 스펜서의 학설은 '과거 일본'에서 충분히 증명되었다.

기조의 설에 따르면, 그가 봉건사회에 대해 말하고 있는 것은 특히 신분이 높은 사람들에 대해 고찰되었음을 알 수 있을 것이다. 따라서 그의 언설은 '다이묘'나 '공가'에 적용될 수 있다.

내가 서술한 것이 '무사도' 아래에서 여성의 지위가 매우 낮았다는 인상을 준다면, 나는 역사에서 진실을 지나치게 왜곡한 것이 된다. 나는 여성이 남성과 대등하게 취급되지 않았다고 서술하는 것을 꺼리지는 않는다. 그러나 나는 차이라는 것과 불평등이라는 것을 구별하는 방법을 배워야 한다. 그렇지 않으면 이 문제에 대해 항상 잘못된 사고에 휘둘릴 것이다.

예를 들어 남성의 경우에 서로 평등하다는 것은 법정이나 투표 등에 국한된 기회뿐이다. 이처럼 생각해 보면 남성과 여성의 평등에 관한 논의에서 고민하는 것 자체가 불필요한 것처럼 생각된다.

미국의 독립선언이 모든 인간은 평등하게 창조되었다고 선언할 때, 그것은 인간의 지능과 육체적 능력에 관해서 말한 것은 아니었다. 그것은 단순히 그 옛날 울피아누스(3세기의 로마 법률가)가 "만인은 법 앞에 평등하다"라고 말한 것을 반복한 것에 지나지 않는다. 이 경우 인간의 평등에 대한 기준은 법률상의 권리라고 생각해야 한다.

만약 여성의 사회적 지위를 측정할 때 법률이 유일무이의 척도라고 한다면, 여성의 지위가 어디에 있는가를 설명하는 것은 그 여성의 체중이 몇 킬로그램이라는 것과 마찬가지로 간단한 일이다.

그러나 문제는 바로 이런 것이다. 즉 남성과 여성의 상대적인 사회적 지위를 비교할 때 과연 정확한 기준이 있을 수 있는가 하는 것이다. 또한 은의 가치를 금의 가치와 비교하는 것처럼 여성의 지위를 남성의 지위와 비교해서 비율을 수량적으로 산출하는 것은 과연 정당하고 충분하다고 할 수 있는가.

이와 같은 계산 방법은 인간이 지니고 있는 가장 소중한 가치, 즉 본질적인 가치를 고려하지 않는 것이 된다.

가정에서 소중한 여성

남녀 각각이 이 세상에서 그 사명을 수행하기 위해 다양한 요소를 지니고 있다. 그것을 생각하면 남녀의 상대적 지위를 측정할 때 취해야 하는 기준은 복합적인 성질의 것이 될 수밖에 없다. 경제학적인 용어를 빌리면 그것은 '복본위제(複本位制)'이어야 한다.

무사도는 자체적인 기준을 갖고 있다. 그것은 이항방정식이다. 즉 여성의 가치를 전쟁터와 가정이라는 쌍방에서 측정하려고 했던 것이다. 전쟁터에서는 여성은 전혀 소중하지 않았다. 그러나 가정에서는 완전했다. 여성에 부여된 대우는 이 이중의 척도에 대응했다. 즉 여성은 사회적 또는 정치적인 존재로서는 중요하지 않지만, 아내 또는 어머니로서 여성은 최고의 존경과 깊은 애정을 받았던 것이다.

로마와 같은 군사적 국민 가운데에서 어머니들이 왜 그토록 사랑과 존경의 대상이 되었을까. 그것은 그녀들이 마트로나(matrona), 즉 어머니였기 때문이 아닐까. 남성은 여성을 전사 또는 입법자로서가 아니라 자기들의 어머니로서 그 앞에서 겸허하게 모자를 벗었던 것이다. 그 사실은 일본인에게 그대로 적용된다.

아버지나 남편이 출전하면 집을 비우기가 일쑤이기 때문에 집안일은 어머니나 아내의 손에 맡겨졌다. 자녀의 교육, 때로는 가정의 방범도 그녀들의 몫이었다. 내가 앞에서 말한 여성의 무예는 자녀 교육을 현명하게 실행하기 위한 것이었다.

나는 일본인에 대해 어설프게 알고 있는 외국인 가운데 매우 피상적인 생각을 갖고 있는 사람을 보았다.

일본어의 지극히 상투적인 표현 가운데 자기 아내를 가리켜 '어리석은 아내'라든지, 그와 비슷한 말을 사용하는 것은 여성을 경멸하거나 높이 평가하지 않기 때문이라는 것이다. 그러나 마찬가지로 '어리석은 아버지' '돼지같은 아들' '졸자(拙者)' 등의 말 역시 일반적으로 사용된다는 것을 이야기해 주면, 이런 오해는 자연스럽게 풀릴 것으로 생각된다.

나는 일본인의 결혼이 어느 면에서는 이른바 그리스도 교도보다 훨씬 앞서 있다고 생각한다: "남과 여는 하나가 되어야 한다." (〈창세기〉)

앵글로색슨풍의 개인주의는 남편과 아내가 두 인간이라는 생각에서 나온 것이 아니다. 두 사람이 서로 으르렁거릴 때 그들에게 각각 다른 '권리'가 인정되었고, 두 사람이 서로 잘 어울릴 때는 온갖 종류의 어리석은 애칭이나 별 의미가 없는 달콤한 속삭임을 주고받는다.

타인에게 남편과 아내가 각각 반쪽에 대해 좋은지 나쁜지는 상관없이 귀엽다, 총명하다, 상냥하다 등으로 말하는 것을 들으면 일본인은 의도적이라고 생각한다.

자기를 '총명한 나'라든지 '나의 뛰어난 기질' 등이라고 표현하는 것을 좋다고 말할 수 있을까. 일본인은 자기 아내를 칭찬할 때는 자기를 칭찬하는 것이라고 생각한다.

그리고 자화자찬은 일본인에게 적어도 악취미 이상의 것이 아니다. 그리고 나는 그리스도교를 신봉하는 국민 사이에서도 그러하기를 바란다.

자기의 반쪽을 타인에 대한 예의 때문에 깎아내려 부르는 것은 사무라이들 사이에서 일반적으로 행해지던 관습이었다. 나는 이것을 말하기 위해 상당히 멀리 돌아왔다.

튜튼족은 여성에 대해 미신적이라고 말할 수 있을 정도로 경외심을 지니고 그 종족 생활을 시작했다. (비록 독일에서는 그것이 사라지고 있지만.) 미국인은 여성의 수가 절대적으로 부족하다는 뼈아픈 자각을 바탕으로 사회생활을 시작했다.[23] (오늘날 여성의 숫자가 증가했기 때문에 식민지 시대의 어머니들이 향유했던 영광이 급속도로 사라지고 있다고 생각한다.) 따라서 서양 문명에서 남성이 여성에 대해 지불한 존경심은 도덕적 기준에 의한 것이 아니었다.

그러나 무사도의 무의 도덕에서는 선의의 경계를 다른 곳에서 찾았다. 그 기준은 사람에게는 그 사람의 내부에 숭고한 영혼과 결부되어 있다는 것과, 이 책의 첫번째 장에서 말한 오륜(五倫)의 길에 의해 다른 사람의 영혼과 결부되어 있다는 의무의 길에 있었다.

이 오륜을 말하는 가운데 나는 이미 충의, 즉 주군과 가신이라는 남남(男男) 관계에 주목했다. 그 이외 두 사람 사이에 대해서는 기회 있을 때 부수적으로 다루었을 뿐이다. 왜냐하면 무사도에서 가신과 주군 관계야말로 기본적인 것이기 때문이었다.

그 이외의 관계는 자연의 감정을 바탕한 것으로, 모든 인류의 인간 관계에 공통적으로 존재하는 것이다. 그러나 몇 가지 점에서 무사도의 교훈이 가르치는 것에 의해 그것들이 특히 강조되는 것이 있다.

이와 관련해서 나는 남자들끼리의 우정이 지닌 특별한 힘과 그 아름다움에 대해 생각한다. 이것은 남과 여가 청년시대에 따로따로 자란다는 시대적 상황에 의해 한층 강화된다. 그리고 신비적이라고 할 수 있는 이런 감정은 종종 형제애의 끈에 더해졌다.

다몬과 피티아스 또는 아킬레우스와 파트로클로스의 이야기의 일본판을 말하는 것은 매우 쉽다. 또한 다윗과 요나단을 묶고 있던 것과 같은 배려의 끈을 무사도의 일화 속에서 찾아낼 수 있다.

그러나 무사도의 특별한 덕목과 교훈이 사무라이 계급에만 국한되었던 것은 아니라는 사실에 놀랄 이유는 없다. 이는 무사도의 감화가 일본인 전체에 퍼져 나갔다는 것을 염두에 두어야 할 것이기 때문이다.

15

'야마토 다마시(大和魂)' : 어떻게 일본인의 마음이 되었는가

일반 대중을 끌어들인 무사도의 덕목

무사도의 덕목은 일본인 일반의 도덕 수준을 훨씬 넘어서는 것이었다. 지금까지 우리들은 산맥처럼 우뚝 솟아 있는 무사도의 덕목 중에서 빼어난 몇 개의 봉우리를 감상했다.

태양이 떠오를 때 먼저 높은 산봉우리를 붉게 물들이고, 점차로 아래쪽의 산허리나 협곡으로 빛이 쏟아진다. 이것과 마찬가지로 당초 무사 계급을 계발한 무사노의 노력 체계는 일반 대중 가운데에서 이를 추종하는 사람들을 끌어들였다.

민주주의는 하늘이 내린 지도자를 양육하고, 귀족제도는 인민 가운데 군주제에 어울리는 정신을 주입한다. 미덕은 악덕에 뒤지지 않을 정도로 전염되기 쉽다.

"사람들 가운데 단 한 명의 현인이 있으면 된다. 그렇게 되면 모두가 현인이 된다. 전염력이라는 것은 매우 빠르다"라고 에머슨은 말했다.

어떤 사회적 신분이나 특권도 도덕의 영향이 확산되는 힘을 막을 수 없다.

앵글로색슨족이 자유를 얻기 위해 걸어온 빛나는 길에 대해 얼마든지 이야기할 수 있다. 그러나 그 운동은 일반 대중의 운동의 고양에 의한 것이 아니다. 오히려 지주 계급이나 '신사'가 일으킨

운동이었다. M. 텐은 "도버 해협의 저쪽(영국)에서 사용되고 있는 3음절의 단어, 즉 gen-tle-man은 영국 사회의 역사를 간결하게 요약하고 있다"라고 정확하게 말했다.

민주주의는 이와 같은 견해에 대해 으스대며 대답할 것이다——"아담이 밭을 갈고 이브가 베를 짤 때, 도대체 신사는 어디에 있었단 말인가"라고. 에덴 동산 속에 신사가 한 명도 없었다는 것은 참으로 안타까운 일이었다. 인류의 첫번째 부부는 신사가 없음을 몹시 안타까워했고, 그 때문에 비싼 대가를 치렀다.

만약 신사가 에덴 동산에 있었다면 그곳은 더 풍요롭고 더 윤택하게 꾸며졌을 것이다. 그뿐만 아니라 아담과 이브는 괴로움에 찬 경험을 겪지 않고 배울 수 있었을 것이다. 즉 여호와에 대해 순종하지 않는 것은 돌이킬 수 없는 배신 행위이며, 그 이름을 더럽히는 일이고 반항임을 배웠을 것이다.

과거의 일본은 사무라이에게 모든 것을 빚지고 있다고 해도 과언이 아닐 것이다. 그들은 민족의 꽃이고 근원이기도 했다. 하늘이 준 은혜로운 선물은 사무라이를 통해서 전해졌다. 사회적 존재라는 측면에서 무사는 일반 서민에 대해 초월적인 지위에 있었다. 그렇지만 그들은 도덕의 규범을 정하고 스스로 그 모범을 보여 줌으로써 민중을 이끌었다.

나는 무사도가 무사 계급 자체에 대한 깊은 의미를 지닌 교훈과 통속적인 교훈을 함께 지니고 있다고 인식하고 있다. 어떤 것은 인민의 복지와 행복을 원하는 초계급적인 선의이며, 어떤 것은 무사 계급 스스로를 위한 덕목의 실천을 강조한 고상한 규율이었다.

사무라이는 민족 전체의 '아름다운 이상'

유럽의 기사도가 한창 꽃을 피우고 있을 때 기사에 속한 사람은 극히 일부에 불과했다. 그러나 에머슨이 말한 것처럼 "영국 문학에서는 필립 시드니로부터 월터 스콧에 이르는 희곡의 절반과 모든 산문은 이 인물(신사)을 묘사하고 있는 것이다." 이 시드니와 스콧을 지카마쓰 몬자에몬(近松門左衛門)과 다키자와 바킨(瀧澤馬琴)으로 대치하면 일본 문학사의 주된 흐름은 매우 간결하게 파악된다.

대중 오락, 대중 문화의 다양한 수단——연극·만담·야담·소설 등은 사무라이 이야기를 주된 소재로 다루었다. 백성들은 초라한 집의 난로 곁에 모여 미나모토 요시쓰네(源義經)와 벤케이(弁慶) 또는 용감한 소가(曾我) 형제의 이야기를 질리지 않고 되풀이해서 듣고 이야기했다. 햇볕에 탄 개구쟁이들은 입을 딱 벌린 채로 이야기에 빠져들었다. 마지막 장작이 불타올랐다 사그라들어도 아이들은 지금 막 들은 이야기 때문에 가슴이 뜨겁게 불타고 있었다.

도시에서는 지배인이나 견습생이 하루 일과를 끝내고 덧문(雨戶)[24]을 닫은 다음 한방에 모여앉아 밤이 샐 때까지 오다 노부나가(織田信長)와 도요토미 히데요시(豊臣秀吉)의 이야기를 했다. 마침내 수마가 그들의 피곤한 눈을 덮치면 그들의 꿈은 일터에서 전쟁터로 달려간다.

뒤뚱뒤뚱 막 걷기 시작한 어린 아이는 더듬거리는 입으로 모모타로(桃太郎)의 귀신이 섬을 정벌하는 모험 이야기를 통해 말을 배운다. 여자 아이들조차 무사의 용맹한 마음과 덕을 사랑하는 마음으로 가득 차기 때문에 데스데모나(셰익스피어의 《오셀로》에 나오는 등장 인물)처럼 사무라이의 무용 이야기에 열심히 귀를 기울였던 것이다.

사무라이는 민족 전체의 '아름다운 이상'이 되었다. 〈꽃은 벚꽃, 사람은 무사〉라고 불려지는 속요는 널리 퍼져 나갔다.

무사 계급은 영리를 추구하는 것을 엄격하게 금지하고 있었기 때문에 직접 장사를 돕는 일은 하지 않았다. 그러나 모든 인간의 활동과 사고의 방법은 무사도의 자극을 받았다. 일본의 지성과 도덕은 직접적으로든 간접적으로든 무사도의 소산이었다.

W. H. 맬로크(19-20세기의 영국 정치가이며 시인)는 시사하는 것이 많은 그의 저서 《귀족주의와 진화》 속에서 "사회의 진화는 그것이 단순한 생물학적 진화와 다르다는 점에 한해서는 위인의 의지에서 생긴 무의식적인 행위의 결과로 정의해도 좋을 것이다"라고 힘차게 말했다. 또한 역사상의 진보란 "사회 일반 속에 생기는 생존경쟁에 의한 것이 아니라 그 사회의 소수 사람들 속에서 대중을 최선의 방법으로 인도하고 지배하며 사역시키려고 하는 경쟁에 의해 만들어지는 것이다"라고 말했다.

이 주장의 비평은 여기에 싣지 않는다. 그러나 이상의 견해는 무사도가 일본의 발전을 재촉해 온 사회 진보에 기여한 역할에 의해 충분히 실증되고도 남는다.

'엘리트'의 영광·동경, 그리고 '야마토 다마시'로

무사 정신이 어떻게 모든 사회적 신분 속에 침투되었는가 하는 것은 '오토코다테(男伊達)'라고 알려진 한 협객의 우두머리, 즉 민중 속의 자연스러운 리더의 발달을 통해 살펴볼 수 있다. 그들은 의협심으로 가득 찬 무리들로 머리끝에서 발끝까지 호쾌한 남자다운 힘으로 넘쳤다.

과거에는 서민의 권리를 대변해 주는 사람이었고 호위꾼이었던 우두머리들은 각각 수백, 수천의 부하를 거느리고 있었다. 그리고 부하들은 사무라이들이 '다이묘'에게 충성을 맹세하는 것처럼 스스로 '나의 몸뚱이와 목숨·재산 및 이 세상의 이름'을 우두머리에게 바친다고 말했다.

이들 대부분의 거친 시정 무뢰배의 지지를 받고 '우두머리'들이 무사처럼 칼을 허리에 꽂고 다니는 것에 대해 때로는 강한 억제력이 발휘되기도 했다.

다양한 국면에서 무사도는 그 삶의 부모였던 사회적 신분으로부터 다양한 경로를 통해 흘러나와 대중 속에서 효모로 작용했으며, 일본인 전체에 대해 도덕의 기준을 공급했다.

무사도는 애초 '엘리트'의 영광으로 등장했다. 그러나 마침내는 국민 전체의 동경이 되었고, 그 정신이 되었다. 서민은 무사의 도덕적 고양이라는 경지까지는 도달하지 못했지만 '야마토 다마시,' 즉 일본인의 혼은 궁극적인 면에서 이 섬나라의 민족적 정신을 드러내기에 이르렀다.

벚꽃은 '야마토 다마시'의 전형

매슈 아널드(19세기의 영국 비평가)가 정의한 것처럼 종교가 '정념에 의해 끄집어 내어진 도덕'에 불과하다면 무사도는 말 그대로 종교의 반열에 오를 수 있는 자격을 가진 노력 체계에 다름 아니다.

모토리 노리나가(本居宣長)는,

일본의 야마토 마음은
아침해에 향기를 풍기는 산의 벚꽃.

이라고 일본인의 순진무구한 심정을 나타내는 단어로 노래했다.

확실히 벚꽃[25]은 일본인이 옛부터 사랑해 온 꽃이다. 그리고 국민성의 상징이었다. 노리나가가 사용한 '아침해에 향기를 풍기는 산의 벚꽃'이라는 구절에 주목하기 바란다.

야마토 다마시는 나약한 인공재배 식물이 아니다. 자연에서 태어났다는 의미에서 야생이다. 그것은 일본의 풍토에 맞는 고유의 것이다. 그 성질의 어떤 것은 우연히 다른 나라의 꽃과 같은 성질을 지니고 있을지도 모른다. 그러나 본질을 보면 일본의 풍토에 고유하게 발생한 자연의 소산이다.

또한 일본인이 벚꽃을 좋아하는 심정은 그것이 일본 고유의 산물이라는 이유 때문만이 아니다. 벚꽃의 아름다움에는 기품이 있고, 우아함에서 다른 어떤 꽃보다 '일본인'의 미적 감각에 호소했던 것이다. 일본인은 장미를 사랑하는 마음을 유럽인과 함께 나눌 수 없다. 장미에는 벚꽃이 지닌 순진함이 결여되어 있다. 그뿐만 아니라 장미는 그 감미로움 속에 가시를 숨기고 있다. 장미꽃은 아무 때고 흩날리기보다 가지에 매달린 채로 퇴색되는 것을 좋아하는 듯하다. 그 삶에 대한 집착은 죽음을 싫어하고 두려워하기 때문이기도 하다. 게다가 장미에는 화려한 색과 농후한 향기가 있다. 이것들은 모두 벚꽃이 가지지 못한 특성이다.

일본의 꽃인 벚꽃은 그 아름다운 화장 아래 가시나 독을 지니고 있지 않다. 자연스런 멋에 그 생명을 버릴 준비가 되어 있다. 그 색은 결코 화려하다고는 할 수 없지만, 그 담담한 향기에 질리는 일은 없다.

화초의 색채나 형상은 밖에서 볼 수밖에 없다. 그것들은 그 종류의 고정된 성질이다. 그러나 화초의 방향(芳香)에서 휘발성이 있어 흡사 생명의 호흡처럼 향기롭다.

그 때문에 모든 종교적인 의식에서 유향(乳香)과 몰약이 중요한 역할을 맡는다. 향기에는 정신에 작용하는 무엇인가가 있다.

태양은 동쪽에서 떠올라 먼저 극동에 있는 일본에 빛을 비춘다. 그리고 벚꽃의 방향이 아침 공기를 싱싱하게 만든다. 이때 고운 향기를 가슴 가득 들이키는 것만큼 기분을 맑고 상쾌하게 만들어 주는 것이 또 있단 말인가. 《구약 성서》에는 창조주 스스로 번제(燔祭)의 방향을 맡고, 그 마음에 새로운 결의를 굳게 했다(〈창세기〉)고 기록되어 있다.

그렇다고 하면 벚꽃의 감미로운 향기가 가득 차는 계절에 모든 사람들이 작은 집에서 뛰어나와 그 공기를 마시라는 권유에 따랐다고 해서 이상할 것이 없지 않은가. 비록 사람들이 얼마간 손발을 쉬며 일하는 것을 잊거나 마음속의 괴로움과 비애를 잊는다고 해서 비난할 일은 아니다.

 짧은 쾌락의 순간이 지나면 사람들은 새로운 힘과 충만한 생각을 가지고 일상의 일로 돌아간다. 이처럼 벚꽃은 여러 이유에서 일본 국민의 꽃이 되었던 것이다.

 그러나 바람이 불면 아름답고 헤아릴 수 없는 수많은 꽃잎이 날리는 꽃, 짧은 순간에 향기를 내고 영원히 사라지는 이 꽃이 '야마토 다마시'의 전형일까.

 일본의 혼은 이처럼 부서지기 쉽고 사라지기 쉬운 운명에 있는 것일까.

16

무사도는 되살아나는가

무사도는 일본의 활동 정신, 그리고 추진력이다

 일본에 노도처럼 밀려든 서양 문명은 일본의 과거로부터 있었던 훈육의 흔적을 지우고 말았을까. 한 국민의 혼이 그렇게 빨리 사멸된다면 참으로 서글픈 일이 아닐 수 없다. 바깥의 영향에 대해 아주 쉽게 후퇴하는 것이라면, 그것은 극히 빈약한 혼이라고 말할 수밖에 달리 도리가 없다.

 국민성을 이루고 있는 심리적 구성 요소는 '물고기의 부레, 새의 부리, 육식 동물의 이빨처럼 각각의 송(種)에서 결코 제거될 수 없는 요소'인 것과 마찬가지로 낱낱이 절단될 수 있는 것이 아니다.

 G. 르 봉[26]은 피상적인 독단에 빠져 있기는 하지만, 진리가 담겨 있는 최근의 저작 속에서 다음과 같이 말했다:

 "지성이 초래한 발견은 인류 공유의 유산이다. 그러나 성격의 장점이나 단점은 각 민족이 각각 계승하는 고유의 유산이다. 그것들은 수세기에 걸쳐서 밤낮으로 바닷물에 씻겨지는 단단한 바위와 같은 것이어서, 단지 표면의 날카로운 부분을 긁어내는 것에 불과하다."

 명확한 말이다.

 만약 각 민족이 '독자적으로 계승한 유산'에 장점과 단점이 있다고 한다면, 그것은 충분히 검토할 가치가 있을 것이다. 이와 같이 도식화된 이론은 르 봉이 이 저작을 집필하기 훨씬 전부터 널리 퍼져 있었다. 그것들은 그 옛날 T. 바이츠(19세기의 독일 철학자)·H. 머레이(19세기의 영국 지리학자) 등에 의해 논파되었다.

나는 무사도가 오랜 세월 동안 가르쳐 온 여러 덕목을 고찰하면서 유럽의 사례를 비교하고 예로 들었다. 그리고 무사도의 특질로 여겨지는 것이 어느 한 가지 '오직 무사도'에 국한된 유산이 아니었음을 살펴보았다.

도덕적 특성의 집합체가 독자적인 양상을 드러내는 것은 진실이다. 이 합성체는 에머슨이 이름 붙인 것처럼 '모든 큰 힘이 요소로 뒤섞여서 만들어진 복합적인 산물'이다. 그러나 콩고드의 철학자 에머슨은 르 봉처럼 그 복합적인 산물을 인종이나 국민 고유의 유산으로 사지는 않았다. 그는 다음과 같이 말했다:

"모든 국가의 가장 유력한 사람들을 하나로 묶어 서로 이해하고 협력할 수 있는 요소. 그리고 만약 누군가 그 비밀결사의 부호를 잊어도 곧바로 감지할 수 있는 명확한 무엇인가이다."

무사도가 일본 국민, 특히 사무라이에 각인한 성격은 '종에서 제거될 수 없는 요소'를 이루고 있다고는 말하기 어렵다. 그러나 무사도가 축적하고 있는 활력에 대해서는 전혀 의문이 없다. 만약 무사도가 단지 물리적인 힘에 지나지 않았다고 해도 과거 7백 년 동안 획득해 온 세력이 돌연히 정지하는 일은 일어날 수 없다. 만약 그것이 유전에 의해서만 전해지는 것이라고 해도 그 영향은 광범위하게 미칠 것이다.

E. 셰송(19-20세기의 프랑스 경제학자)은 1백 년 동안에 세 새대의 교체가 있다고 보고 "우리 하나하나는 그 혈관 속에 적어도 1천 년 사이에 살았던 2천만 명의 혈액을 지니고 있다"라고 계산했다.

"수 세기의 것이 겹쳐져서 허리가 굽었다." 가장 가난한 농부는 그 혈관 속에 수세대의 혈액을 지니고 있다. 그러나 그는 '소'와 형제가 아니라 우리들의 형제다.

무사도는 하나의 무의식적이고 항거할 수 없는 힘으로 일본 국민 및 그 하나하나를 움직이고 있다. 근대 일본의 가장 뛰어난 선구자의 한 사람인 요시다 쇼인〔吉田松陰〕이 죽음을 앞둔 전날 밤에 불렀기 때문에 다음의 노래는 일본 국민의 거짓 없는 고백이다:

숨기면 숨길 수 있다는 것을 알면서도
어쩔 수 없는 야마토 다마시.

계통적으로 설명한 것은 아니지만 무사도는 일본의 활동 정신, 추진력이었고, 또한 지금도 그렇다.

자기의 명예심, 이것이 일본의 발전 원동력이다.

J. C. 랜섬〔20세기의 미국 시인이자 비평가〕은 이렇게 말했다: "오늘날 일본에는 세 개의 별개 국가가 병존하고 있다. 오래 된 일본이 완선히 무너지지 않았고, 새로운 일본은 정신적으로 볼 때 막 태어났을 뿐이다. 그리고 과도기의 일본은 현재 가장 중대한 긴장 상태를 지나고 있다."

이 견해는 대체로 특히 눈에 보이는 구체적인 제도에 관해서는 매우 정확하다. 그러나 이 견해를 근본적인 도덕 관념에 적용하게 되면 몇 가지 수정이 필요해진다. 왜냐하면 오래 된 일본의 건설자이며, 그 산물인 무사도는 지금 과도기 일본을 지도하는 원리다. 그뿐만 아니라 무사도가 새로운 일본을 형성하는 힘이라는 것 역시 증명될 것이다.

메이지 유신의 격랑과 소용돌이 속에서 일본이라는 배의 조타수였던 위대한 지도자들은 무사도 이외의 도덕적 교훈을 전혀 모르는 사람들이었다.

근래에 몇몇의 저자[27]는 그리스도교 선교사가 신생 일본의 건설에 대해 많은 공헌을 했다는 것을 실증하기 위해 노력했다. 나는 명예에 어울리는 사람에게 기꺼이 명예를 선사한다. 그러나 이들 선량한 선교사에게 명예를 선사하기는 어렵다. 뭔가 확인할 수 없는 증거를 제시하며 요구하기보다 "서로 명예를 나눠야 한다"라는 성서의 가르침에 충실한 것이 그들 선교사의 직업에 어울린다.

나 스스로 말하자면 나는 그리스도교의 선교사가 교육, 특히 도덕 교육의 영역에서 일본을 위해 훌륭한 일을 계속 하고 있다고 믿고 있다.

다만 신비적이고 모호한 정령의 작용은 아직 신성한 영역에 머물고 있다. 선교사들이 어떤 일을 하려고 해도 그것은 간접적인 영향에 그칠 뿐이다. 아니 감히 말한다면 그리스도교의 전도는 새로운 일본의 특성을 형성하는 데 도움이 되었지만 눈에 띄는 영향은 거의 없었다고 말할 수 있다. 그뿐만 아니라 좋건 나쁘건 일본인을 뛰게 만든 것은 순수하고 단순한 무사도라는 것이었다.

근대 일본을 건설한 사람들의 성장의 근원을 찾아보자. 이토 히로부미〔伊藤博文〕·오쿠마 시게노부〔大隈重信〕·이타가키 다이스케〔板垣退助〕 등의 회상록은 말할 것도 없고, 사쿠마 조잔〔佐久間象山〕·사이고 다카모리〔西鄕隆盛〕·오쿠보 도시미치〔大久保利通〕·키도 다카요시〔木戶孝允〕 등의 흔적을 더듬어도 좋다.

그들이 생각하고 쌓아올린 것의 원동력이 무사도였음을 알 수 있을 것이다.

헨리 노먼[28]은 극동 사정을 연구하고 관찰해서, 일본이 다른 동양의 전제국가와 다른 유일한 점은 '인류가 과거에 생각해 낸 것 가운데에서 가장 엄격하고 고상하며 엄밀한 명예의 규칙이 국민 사이에 지배적인 영향을 지니고 있는 것'이라고 단언했다. 이때 노먼은 오늘날의 새로운 일본을 만들고 앞으로 나가야 할 방향으로 전진하고 있는 중심축에 대해 말한 것이다.

일본의 변모는 오늘날 분명한 사실이다. 이처럼 중대한 사업에는 다양한 동기가 자연스럽게 흘러들었다. 그리고 그 중요한 힘이 무엇인가라고 질문을 받으면 주저없이 무사도라고 말할 수 있다.

일본이 무역을 위해 전국을 개방했을 때, 생활의 모든 부분에서 최신의 개량품을 수입했을 때, 서양의 정치와 학문을 배우기 시작했을 때 일본인을 움직인 추진력은 결코 물질문명의 개발이나 부의 증가가 아니었다. 더구나 서양 관습의 모방 따위는 없었다.

동양의 여러 제도와 백성을 깊이 관찰한 M. 타운센드[29]는 이렇게 썼다:

"우리들은 매일매일 유럽이 일본에 얼마나 영향을 미쳤는지를 가르치고 있다. 그러나 일본 섬 속에서 일어나고 있는 변화가 자발적이라는 사실은 잊고 있다. 유럽인이 일본에 가르친 것이 아니라 일본 스스로가 유럽의 학문이나 군사제도·방법을 배운 것이다. 이 사실은 일본이 지금까지 훌륭하게 성공해 왔다는 것을 실증하는 것이다.

터키인이 몇 년 전에 유럽의 포술(砲術)을 수입한 것처럼 일본은 유럽의 기계공학을 수입했다. 이를 정확히 말하면 영향이라고 말할 수 없다. 예를 들어 영국이 중국에서 차를 샀다고 해서 영국이 중국에게 어떤 영향을 받았다고 할 수 없는 것과 마찬가지다."

타운센드는 계속해서 "일본을 개조한 유럽의 전도사·철학자·정치가·선동가는 도대체 어디에 있는가"라고 물었다.

타운센드는 일본을 변화하게 만든 활동의 용수철이 일본인 스스로에게 있었다는 것을 간파했던 것이다. 통찰력이 예리한 그가 일본인의 심정을 깊이 탐색했다면 이 용수철이 무사도 이외에 다른 것이 아님을 쉽게 확인했을 것이다.

열등국이라고 보는 것은 참을 수 없다는 명예심. 이것이 동기 속에서 가장 큰 힘이었다. 식산흥업(殖産興業)이라는 생각은 변혁의 과정에서 눈을 뜬 것이다.

일본인 이상으로 충성하는 애국적인 국민은 존재하지 않는다

무사도의 감화는 지금도 여전히 모든 사람에게서 읽어낼 수 있을 정도로 명백하다. 일본인의 생활을 흘끗 보기만 해도 그런 사실은 금세 알 수 있다. 일본인의 마음을 가장 확실히 대변하고 충실하게 소개한 L. 헌을 읽어도 좋다. 그가 묘사한 일본인의 심정은 무사도의 작용의 일례라는 것을 쉽게 알게 해준다.

국민 전체가 공통적으로 지니고 있는 올바른 기준은 분명히 무사도의 유산이다. 이것은 잘 알려져 있으므로 되풀이할 필요가 없을 것이다. '몸집이 작은 일본인'의 신체가 지니고 있는 인내·불굴·용기는 청일전쟁에서 그대로 증명되었다.[30]

"일본인 이상으로 충성하는 애국적인 국민이 존재할까"라는 의문은 당시 많은 사람들의 생각이었다. 그리고 그 대답은 '아니오'였다. 일본인은 무사도에 감사해야 한다.

그러나 그 반면 일본인의 결점이나 단점 역시 무사도에 그 책임이 있음을 인정하지 않을 수 없다. 일본인이 심원한 철학을 지니고 있지 못한 것은, 무사도에서 형이상학의 훈련을 중시하지 않았다는 점에서 그 원인을 찾을 수 있다.

몇몇 젊은 일본인이 과학 연구의 영역에서 이미 세계적인 명성을 떨치고 있음에도 불구하고 철학 분야에서는 아직 일가를 이룬 사람이 나타나지 않고 있다.

일본인의 예민하고 쉽게 흥분하는 성질은 그들의 명예관에 그 책임이 있다. 외국인이 종종 비난하는 것처럼 일본인은 지나친 자부심을 지니고 있다는 것 역시 도를 지나친 명예심의 병적인 발로에서 기인한 것이다.

일본을 여행한 외국인 독자는 머리는 헝클어지고, 격식 없이 옷을 입고, 큰 지팡이 또는 책을 품에 안고, 세속적인 일에는 전혀 관여하지 않는 듯이 큰길을 활보하고 있는 젊은이를 본 적이 있을 것이다.

그는 '서생'이다. 그에게 지구는 너무 좁다. 하늘 역시 높지 않다. 그는 우주와 인생에 대해 독특한 논리를 지니고 있다. 그는 공중에 떠도는 누각에 몸을 두고 유현한 지식의 말을 먹고 산다. 그의 안중에는 큰 뜻이라는 불꽃이 이글거리고, 그의 마음은 끝없이 지식을 갈구한다. 빈궁함은 그의 의욕을 더욱 자극한다. 세속적인 재산은 그의 눈으로 볼 때 인격을 속박하는 것이다. 그는 충군·애국의 화신이다. 그는 스스로 국가의 명예를 지키는 역할을 수행한다.

이런 서생의 장단점은 모두 무사도에서 기인한 것이다.

무사도에 의한 무언의 감화

무사도의 영향은 여전히 뿌리 깊고 강력하다. 그러나 앞에서 말한 대로 그 영향은 의식된 것이라기보다 무언의 감화다. 일본인의 마음은 비록 그 이유가 분명하지 않더라도 조상으로부터 계승한 관념에 대한 호소에 응답한다. 그것은 비록 동일한 도덕관념이라고 해도 새로운 번역 용어와 오래 된 무사도의 용어에 의해 표현되는 것 사이에 놓여 있는 엄청난 틈이 존재함을 의미한다.

신앙의 길에서 멀어진 그리스도교도가 있었다. 그때 목사의 설교는 그의 타락을 구원하지 못했다. 그러나 과거 그가 주에게 맹세한 충성, 즉 충의에 호소하자 그는 신앙의 길로 돌아올 수밖에 없었다. '충의'라는 말 한마디가 흐리멍텅하고 애매한 상태에 놓여 있던 그의 모든 감정을 부활시킨 것이다.

어느 대학에서는 혈기왕성한 학생의 한무리가 교수에 대한 불만 때문에 오랫동안 '수업 거부'를 하고 있었다. 그러나 그것은 학장이 제안한 두 가지 단순명쾌한 물음에 의해 간단하게 끝나고 말

앉다:

"여러분들이 비판하는 교수는 가치 있는 사람인가. 만약 그렇다면 자네들은 교수를 경애하고 대학에 남게 해야 하지 않을까. 그 교수가 유약한 사람인가. 만약 그렇다면 쓰러져 있는 사람을 깔아뭉개는 것은 남자다운 일이라 할 수 없지 않을까."

여기에서 이 분쟁의 발단이었던 교수의 학문적 능력 부족은 학장이 제기한 도덕상의 문제와 비교할 때 중대한 문제가 아닌 것이 된다. 즉 무사도를 통해 길러진 감정을 자극해서 위대한 도덕적 혁신이 달성되었던 것이다.

일본에서 그리스도교 전도 사업이 그다지 큰 성과를 거두지 못한 것은 대개의 전도사들이 일본의 역사에 대해 전혀 몰랐기 때문이다.

"이교도의 흔적에 관심을 기울여서 어떻게 하겠어"라고 말하는 사람도 있다. 그 결과 그들의 종교는 일본인과 그들의 선조가 과거 수백 년에 걸쳐 친숙해져 있는 사고의 틀로부터 멀어지고 말았다.

한 나라의 역사를 비웃어도 되는가. 그 어떤 국민의 내력도 문자에 의해 기록된 것을 갖고 있지 않다. 가장 미개하다고 생각되는 아프리카 사람들의 경력조차 신에 의해 쓰여진 인류사의 한 페이지가 아닌가.

지구상에서 이미 멸망한 종족 역시 혜안을 가진 학자에 의해 해독될 수 있는 고문서다. 철학적이고 경건한 마음을 가진 사람들에게 종족 자체가 신이 써놓은 표지이며, 피부가 검거나 흰 것처럼 명료하게 그 흔적을 찾을 수 있다.

만약 이 비유가 적당하다면 황색 인종은 금색 상형문자로 새겨진 귀한 한 페이지를 만들었다는 말이 된다.

선교사들은 국민의 과거 흔적을 무시하면서 그리스도교를 새로운 종교라고 주장한다. 그러나 일본인의 생각으로는 그것은 '낡아

빠진 이야기'를 모아 놓은 것일 뿐이다. 만약 그리스도교가 각각의 국민에게 친숙한 말로 사람들의 도덕 발달 수준을 염두에 두고 말해진다면 인종이나 민족과 관계없이 사람들의 마음속에 쉽게 깃들게 될 것이다.

미국적 또는 영국적 양식을 지닌 그리스도교, 즉 조물주의 은총과 지순함보다 다분히 앵글로색슨족의 기교와 환상을 내포하고 있는 그리스도교는 무사도라는 나무에 접을 붙이기에는 너무나 빈약한 싹이다. 새로운 신앙의 포교자들은 모든 줄기·뿌리·가지를 잘라내고 황폐해진 땅 위에 직접 복음이라는 씨를 뿌려야 하는가.

이런 방법은 하와이라면 가능할지도 모르겠다. 그곳에서는 전투적인 교회들이 부를 약탈하고 원주민을 거의 절멸시켰기 때문이다. 그러나 일본에서는 이와 같은 일이 불가능하다.

아니 그와 같은 방법은 예수 스스로 지상을 신의 왕국으로 만들기 위해서 절대로 취해서는 안 되는 방법이다.

우리는 성자이며 경건한 그리스도교도이며 심원한 학자인 B. 자우엣[31]이 말한 다음의 말을 마음속에 깊이 담아 두어야 한다:

"사람들은 세계를 이교도와 그리스도교도로 나누었다. 그러나 이교도에게 어느 정도의 선이 숨겨져 있는지, 그리스도교도에게 어느 정도의 악이 혼입되어 있는지를 충분히 고려하지 않았다."

그리스도교도는 자기들의 최선과 이웃의 최악을 비교했다. 즉 그리스도교도의 이상과 그리스 또는 동양의 타락을 비교했던 것이다. 그들은 결코 공평한 태도를 가지지 않았다. 자기들의 종교에 대해 다분히 칭찬할 수 있는 것만 모으고 다른 양식을 가진 종교에 대해서는 해서는 안 되는 것만을 모아 놓고 만족해했다.

그러나 개인이 범한 잘못이 어떤 것인지는 문제가 아니다. 무사도의 장래를 생각할 때 선교사들이 신봉하는 종교의 근본적인 원리가 이미 대세를 이루고 있음을 염두에 두어야 한다.

무사도의 수명은 얼마 남지 않은 듯하다. 그 전조, 향기롭지 못한 징후가 대기 중에 만연하기 시작했다. 아니 징후뿐만 아니라 경시하기 어려운 여러 세력이 무사도를 몰아내기 위해 움직이기 시작했다.

17
무사도의 유산에서 무엇을 배워야 할까

무사도는 사라질 운명에 놓여 있는가

유럽의 기사도와 일본의 무사도만큼 역사적인 면에서 비교하기 적절한 예는 극히 드물다. 역사는 되풀이된다고 하면 무사도의 운명은 유럽의 기사도가 걸은 운명의 길을 걷게 될 것이다.

생 팔레가 기사도의 쇠퇴에 대해 말한 특수하고 지역적인 이유는 일본의 상황에 그대로 적용시킬 수 없다. 그러나 중세 및 중세 이후 기사와 기사도를 깎아 내려온 보다 큰, 보다 일반적인 원인은 무사도의 쇠퇴에도 그대로 작용하고 있다.

유럽의 경험과 일본의 그것 사이에는 확실한 차이가 있다. 유럽에서 기사도는 봉건제도에서 떨어져 나오자마자 그리스도 교회에 흡수되어 남은 생명을 유지했다. 일본에서는 무사도를 양육해 온 종교는 어디에도 없었다. 따라서 봉건제도라는 어머니를 떠나게 되자 무사도는 고아가 되었고, 스스로 나아가야 할 방향을 찾아내야만 했다.

현대의 잘 정비된 군대 조직이 무사도를 그 보호하에 두고 있는지도 모르겠다. 그러나 잘 알고 있듯이 현대의 전쟁은 무사도가 계속해서 성장해 나갈 수 있는 조건을 조금도 지니고 있지 않다.

유년기의 무사도를 길러낸 신도(神道)는 이제 너무 늙었다. 중국 고대의 성현들은 J. 벤담이나 J. S. 밀 등의 지적 엘리트로 대체되었다. 때로는 호전적이고 외세에 배타적인 경향과 영합했고, 그 때문에 오늘날의 수요에 적합한 쾌락주의적인 도덕 이론이 만들어졌고 제공되었다. 그러나 그것들의 소란스러운 외침은 아직 통속적인 저널리즘의 기사에서 들을 수 있을 뿐이다.

무사도에 대항하는 모든 세력과 군세가 발뒤꿈치까지 와 있다. T. B. 베블런이 말한 것처럼 이미 "본래의 산업적 여러 계급 사이에 존재했던 의례적 규범의 쇠퇴, 다른 말로 해서 생활의 세속화는 섬세한 감수성을 지닌 사람들의 눈으로 보면 문명의 말기적 증상의 하나다."

두드러진 데모크라시의 도도한 흐름은 그것만으로 무사도의 잔재를 삼키기에 충분한 기세를 갖고 있다. 민주주의는 어떠한 형식이나 형태의 특권 집단도 인정하지 않는다. 그러나 무사도는 진정한 의미에서 지성과 문화를 충분히 비축한 권력을 독점한 사람들에 의해 조직된 특권 계급이었다. 또한 무사도는 도덕적인 여러 성질의 등급과 가치를 스스로의 손으로 정했다.

현대의 사회적인 여러 세력은 협소한 계급 정신의 존재를 용인하지 않는다. 그러나 기사도는 E. 프리먼[32]이 날카롭게 비판한 것처럼 분명히 하나의 계급 정신이다. 만약 현대사회가 어떤 통합성을 목표로 한다면 그것은 '특권 계급의 이익을 위해 고안된 순수하게 개인적인 의무'를 인정해서는 안 된다. 여기에 보통 교육과 산업 기술 그리고 거기에서 창출된 부와 도시 생활 등을 첨가해 보자. 사무라이가 휘두르던 예리한 검이나 무사도의 강궁에서 날아가던 선명한 화살도 아무런 도움이 되지 않는다는 것을 알게 될 것이다. 명예의 반석 위에 세우고 명예에 의해 보강된 국가——이것은 '명예 국가' 또는 칼라일의 표현대로 영웅 국가라고 부르는——는 생떼거리로 무장하고 궤변을 늘어놓는 법률가나 중얼중얼 장황하게 말만 늘어놓는 정치가들의 손에 맡겨서는 잠시도 버틸 수 없다.

어느 위대한 사상가는 테레사(바이런의 《마제파》에 나오는 등장 인물)와 안티고네(오이디푸스의 딸)에 대해 "그녀들의 장렬한 행위를 키운 환경은 영원히 사라졌다"라고 말했다. 이 말은 사무라이에 대해서도 그대로 적용된다.

슬프도다 무사도, 슬프도다 사무라이의 자긍심. 징과 큰 북소리로 세상의 환영을 받았던 도덕은 '명장이나 명군이 사라지는 것처럼' 그 모습이 사라질 운명에 놓였다.

만약 역사가 우리에게 무엇인가를 가르쳐 주는 것이 있다면 그것은 무덕(武德)이 쌓은 국가, 예를 들어 스파르타와 같은 도시 국가 또는 로마 제국과 같은 존재는 결코 이 지구상에서 영원할 수 없다는 것일 게다.

명예·용기, 그리고 무덕의 뛰어난 유산을 지켜라

인간의 투쟁 본능이라는 것은 보편적이고 자연스러운 것이며 고상한 감성, 남자다운 덕목이지만 인간성의 전부는 아니다. 가장 신성한 본능, 즉 사랑이라는 본능이 투쟁 본능 아래에 있다.

우리는 신도나 맹자·왕양명이 그에 대해 가르쳐 온 것을 보았다. 그러나 무사도나 전투적 타입의 도덕은 의심할 여지없이 직접적인 현실의 결여에서 기인하는 문제에만 몰두할 수밖에 없었다. 그 때문에 종종 이 사랑이라는 본능의 존재를 정당하게 취급하는 것을 망각해 왔던 것이다.

근래에 들어 갑작스럽게 생활의 여유가 생겼다. 무사가 호소해 온 사명보다 보다 고상하고 폭넓은 사명이 우리를 요구하고 있다. 넓어진 인생관, 데모크라시의 성장, 타민족과 타국민에 대한 지식의 증대와 더불어 공자의 인(仁)의 사상——또는 불교의 자비 사상도 여기에 포함시켜야 한다——은 그리스도교의 사랑의 관념과 연관될 것이다.

사람은 이미 신하 이상이 되어 시민이라는 존재로 성장했다. 아니 사람은 시민 이상, 즉 인간인 것이다. 현재 전운이 일본의 수평선 위에 드리워져 있다. 그러나 평화의 천사의 날개가 이를 날려 보낼 것이라고 믿자. 세계의 역사는 "온순한 자는 땅을 상속받지 못한다"라는 예언을 확신할 수 있게 해준다.

선천적인 권리인 평화를 팔아넘기고 산업 진흥의 전선에서 물러나 침략주의의 전략에 참가하는 국민은 정말 잘못된 거래를 하고 있는 것이다.

사회 상황이 크게 변화하고, 이미 무사도에 대항할 뿐만 아니라 적대하는 조건이 갖춰진 오늘날은 무사도의 명예로운 장례를 준비할 때다.

기사도의 경우, 그 죽음의 시기를 지적하는 것은 발생의 정확한 시기를 결정하는 것과 마찬가지로 매우 어렵다. 밀러 박사에 의하면, 기사도는 프랑스의 앙리 2세가 무예 시합에서 죽은 1559년에 정식으로 파기되었다.

일본인이 볼 때 1871년 폐번(廢藩) 칙령이 무사도의 마지막을 알린 조종(弔鐘)의 신호였다. 그 5년 후에 공포된 폐도령(廢刀令)은 과거 '손에 물을 묻히지 않고 살 수 있는 은총, 싸게 먹히는 국방, 남자다운 감성과 영웅적인 행동의 보호자'가 생명을 다했다는 것과 '궤변가·배금주의자 및 계산이 빠른 무리'의 새로운 시대가 시작되었음을 알리는 것이었다.

청일전쟁(1893-94)에서 일본은 무라타(村田) 총과 크루프 총 덕분에 승리를 거두었다고 말한다. 이 승리는 근대적인 학교 교육의 성과라고도 말한다. 그러나 이것들은 진실의 절반에도 미치지 못한다.

예를 들어 에르바르나 슈타인바이라는 최고의 피아노도 명연주자의 손이 없고서야 리스트의 랩소디나 베토벤의 소나타를 연주할 수 없다. 또한 총의 좋고 나쁨으로 전쟁의 승패가 가름난다면 왜 나폴레옹 3세는 기관총으로 프로이센 군을 쓰러뜨리지 못했을까. 또한 모제르 총으로 무장한 스페인 군은 구식 레밍턴 총을 갖고 있을 뿐인 필리핀인을 이기지 못했던 것일까.

다시 말할 필요 없이 활력을 안겨 주는 것은 정신이다. 정신이 없으면 최고의 장비도 아무런 장점이 되지 못한다. 최신식 총이나 대포도 스스로 불을 붙일 수는 없는 노릇이다. 현대의 교육제도가 아무리 좋다고 해도 비겁한 사람을 영웅으로 만들어 낼 수는 없는 노릇이다.

압록강에서, 한반도나 만주에서 승리를 거둔 것은 우리를 이끌고 우리의 마음에 용기를 북돋아 준 조상들의 영혼이었다. 이들의 영혼, 우리의 용감한 선조는 죽음에 굴복하지 않았던 것이다. 보는 눈을 가진 사람들에게는 그것이 확실하게 보일 것이다.

가장 발전된 사상을 가진 일본인의 표피를 벗겨 보자. 거기서 사람들은 사무라이를 보게 될 것이다.

명예·용기 그리고 무덕이라는 유산에 대해 크램 교수는 적절한 말로 표현했다: "우리가 잠시 맡고 있는 재산에 불과하고 조상 및 우리의 자손의 것이다. 그것은 아무도 빼앗을 수가 없는 인류의 영원한 가록(家祿)이다." 따라서 현재 우리에게 주어진 사명은 이 유산을 지키고 과거의 정신을 파괴하지 않는 것이다. 미래의 사명은 그 삶의 모든 행동과 여러 관계에 적용시켜 가는 것이다.

불사조는 자기를 태운 재 속에서 되살아난다

봉건 일본의 도덕 체계는 그 성곽이나 무구(武具)와 마찬가지로 붕괴되어 흙으로 돌아갔다. 그러나 새로운 도덕이 불사조처럼 날아올라 진보의 길과 새로운 일본을 이끌어 갈 것이라고 말했다. 그리고 반세기 사이에 이 예언은 확실하게 증명되었다. 이와 같은 예언이 성취되는 것은 바람직하며 얼마든지 가능하다.

그러나 우리는 불사조가 자기를 태운 재 속에서 재생한다는 것,

결코 어디선가 날아온 새가 아니라는 것, 다른 새에게 빌린 날개로 날아오르지 않는다는 것을 잊어서는 안 된다.

"신의 나라는 너희 속에 있다." 신의 나라는 산이 아무리 높아도 거기에서 내려오지 않으며, 바다가 아무리 넓다고 해도 그곳을 건너오는 것은 아니다.

"신은 모든 민족에게 그 국어로 말하는 예언자를 보냈다"라고 《코란》은 말한다.

일본인의 마음이 그 증거를 세우고 감득(感得)한 신의 나라의 씨앗은 무사도 속에서 꽃을 피웠다. 그리고 슬프게도 막 열매를 맺기 전에 그 꽃잎을 닫으려고 하고 있다.

우리는 모든 방향에서 아름다움과 빛, 힘과 위안의 원천을 찾았다. 그렇지만 아직도 무사도를 대신할 만한 것을 찾아내지 못했다.

공리주의자나 유물론자의 득실을 계산하는 철학은 영혼을 반밖에 갖지 않은 궤변가가 좋아하는 것이다. 공리주의나 유물론에 대항할 수 있는 충분히 강력한 다른 유일한 도덕 체계는 바로 그리스도교다.

그리스도교와 비교할 때 오늘날 무사도는 '겨우 불꽃을 유지하고 있는 심지'와 같다고 솔직하게 말할 수밖에 없다. 그러나 구세주는 그것을 꺼뜨리지 않고 부채질을 해서 큰 불꽃을 만들겠다고 선언했다. 구세주의 선구자인 히브리의 예언자들 —— 특히 이사야·예레미야·아모스·하바꾹 등과 마찬가지로 무사도는 특히 지배하는 자, 공적인 입장에 있는 자의 도덕적 행위 및 국민 일반의 도덕적 행위에 중점을 두었다. 그러나 한편으로 그리스도교의 도덕은 오로지 개인 및 그리스도를 개인적으로 신앙하는 사람들에 관한 것이다. 따라서 개인주의가 도덕의 요소로 세력을 증대시킴에 따라 그리스도교의 도덕은 점점 실제적으로 응용될 것이다.

무사도는 불멸의 교훈이다

니체의 존대하고 자아 중심의 이른바 주인 도덕은 어떤 의미에서 무사도와 비슷한 데가 있다. 만약 내가 큰 잘못을 범하고 있는 것이 아니라면, 이 주인 도덕은 니체가 병적인 일그러짐 때문에 나자렛 사람(예수)의 도덕을 겸허하고 자기부정적인 노예 도덕이라고 이름 지은 것에 대한 과도기적인 현상 또는 일시적인 반동의 결과다.

그리스도교와 유물론(공리주의를 포함) ─── 앞으로 이것들은 히브리즘과 헬레니즘이라는 오래 된 형식으로 환원될 것인가? ─── 은 세계를 양분할 것이다. 작은 도덕 체계가 존속하기 위해서는 위의 둘 어느쪽인가에 가담해야 할 것이다.

무사도는 어느 편에 서야 하는가.

지켜야 할 확고한 교의나 공식을 갖고 있지 않기 때문에 무사도는 아침의 일진광풍에 산산이 흩어지는 벚꽃처럼 그 모습이 사라지고 말 것인가.

그러나 무사도의 생명은 결코 절멸한 것이 아니다. 금욕주의가 없어졌다고 누군가 말할 수 있을 것이다. 제도로서는 사라졌을지도 모른다. 그러나 덕목으로서는 여전히 살아 있다. 그 정력과 활력은 인생의 다양한 면에서, 서양 여러 국민의 철학 속에서, 또는 모든 문명 세계의 법 속에서 여전히 느낄 수 있다.

인간이 자기를 향상시키려고 하는 곳에서는, 정신이 육체를 지배하는 곳에서는 제논(고대 그리스 철학자)의 불멸의 교훈이 작용하고 있음을 볼 수 있다.

무사도는 하나의 독립된 도덕의 규칙으로 소멸할지도 모른다. 그러나 그 힘은 이 땅에서 사라지지 않는다.

그 무용과 문덕의 교훈은 해체될지도 모른다. 그러나 그 빛과 영예는 그 폐허를 뛰어넘어 소생할 것이 틀림없다. 그 상징인 벚꽃처럼 사방에서 바람이 불어온 다음 인생을 풍요롭게 만드는 꽃향기로 축복해 줄 것이다.

  몇 세대가 흐른 뒤에 무사도의 관습이 땅속으로 사라지고 그 이름이 잊혀지더라도 '길가에 서서 바라보면' 그 향기는 멀리 떨어진, 그래서 보이지 않는 언덕에서 날아올 것이다. 이때 어느 퀘이커 시인은 향기로운 말로 노래한다:

    어디인지는 모르지만 가까운 곳의 향기에
    감사의 마음을 나그네는 품고
    걸음을 멈추고 모자를 벗고
    하늘로부터 축복을 받는다.

원 주

1) G. Miller, 《History Philosophically Illustrated》, 1853, 제3판.

2) 러스킨은 마음속으로 몹시도 평화를 사랑하는 사람이었다. 그러나 그도 활기가 넘치는 삶의 전투적인 열의로 전쟁의 가치를 믿는 데 인색하지 않았다. 그는 그의 저서 《야생의 올리브 왕관》 속에서 이렇게 말했다: "전쟁은 모든 예술의 기초라고 내가 말할 때 그것은 인간의 모든 높은 덕과 능력의 기초라는 것을 동시에 의미한다. 이 사실의 발견은 나에게 적지 않은 놀라움을 주었고, 그와 함께 공포가 엄습해 왔다. 그러나 나는 그것이 부정할 수 없는 사실이라는 것을 알았다. 대략적으로 말하면 모든 위대한 민족은 전쟁을 통해 그들 언어의 진실성과 사상의 강함을 배웠다. 그들은 전쟁을 통해 양육되었고 평화 속에서 낭비했으며, 전쟁을 통해 배웠고 평화 속에서 속았다. 또한 그들은 전쟁을 통해 단련했고 평화 속에서 배신을 당했다. 한마디로 말해서 전쟁 속에서 태어나 평화 속에서 그 삶이 끝난 것이나."

3) L. Hearn, 《Exotics and Retrospectives》, p.84.

4) M. Boutomy, 《The English People》, p.188.

5) A. M. Knapp, 《Feudal and Modern Japan》, 제1권, p.183.

6) E. Burke, 《French Revolution》.

7) A musical instrument, resembling the guitar.

8) 일본의 나이팅게일이라고도 부른다. 나이팅게일은 꾀꼬리와 닮았지만 같지는 않다.

9) T. B. Veblen, 《Theory of the Leisure Class》, N. Y., 1899, p.46.

10) 예절에 맞게 정좌한다는 의미다.

11) Peery, 《The Gist of Japan》, p.86.

12) A. M. Knapp, 《Feudal and Mordern Japan》, 제1권, 제4장 ; Ransome, 《Japan in Trandision》, 제8장.

13) G. W. F. Hegel, 《Philosophy of History》, 제4부 제1장.

14) W. E. Griffis, 《Religions of Japan》.
15) H. Spencer, 《Principles of Ethics》, 제1권 제2부 제10절.
16) 보통 영어로 'jiu-jitsu'라고 잘못 발음하고 있는 것과 동일한 말이다. 유술은 매우 부드러운 무술로 '무기를 사용하는' 일은 없다.
17) Seated himself(정좌): 이것은 일본의 예의다. 무릎 끝이 바닥에 닿고 상체는 발뒤꿈치와 일직선이 된다. 다키젠 사부로는 죽을 때까지 이 자세를 유지했다.
18) 레그 박사의 번역본에 의한 것이다.
19) E. L. Morselli, 《Suicide》, p.314.
20) J. Strahan, 《Suicide and Insanity》.
21) W. E. H. Lecky, 《History of European Morals》, 제2권, p.383.
22) 나체 및 입욕에 대한 탁월한 해설은, Finck, 《Lotos Time in Japan》, p.286-297 참고.
23) 이 시대에 담배 생산을 위해 영국에서 많은 수의 소녀들이 미국으로 수입되었고, 담배 플랜테이션의 농업 노동자와 결혼했다는 것을 가리키는 것이다.
24) 집 바깥의 문.
25) 벚꽃 학명: Cerasus Pseudo-cerasus.
26) G. Le Bon, 《The Psychology of Peoples》, p.33.
27) W. Speer, 《Missions and Politics in Asia》, p.189-192; J. S. Dennis, 《Christian Missions and Social Progress》, 제1권, p.32, 제2권, p.70 등.
28) H. Norman, 《The Far East》, p.375.
29) M. Townsend, 《Asia and Europe》, p.28.
30) 이 문제에 대해서는 다른 저작 가운데 다음의 것을 권한다: Eastlake · 山田 공저, 《Heroic Japan》; Diosy, 《The New Far East》.
31) B. Jowett, 《Sermons on Faith and Doctrine》, 제2장.
32) E. Freeman, 《Norman Conquest》, 제5권, p.482.

역자 후기

이른바 일본의 근대화 시기에 앞서 가는 교육자로서 선도적인 국제 활동을 했던 니토베 이나조〔新渡戸稻造, 1862-1933〕가 바로 이 책의 저자다.

일본의 가장 고전적 덕목(德目)이기도 한 '무사도'를 당시 서양인 부인과 미국에 살며 국제연맹(유엔의 전신) 사무차장도 지낸 바 있는 그가 그의 부인을 비롯하여 서양 세계에 '일본 정신'을 알리고자 한 이 《무사도》는 영어로 씌어져 서양 사람들에게 일본의 사상과 관습 내지는 일본학의 입문서로 1899년 미국에서 간행되었다.

저자는 이 책을 쓰게 된 동기를 서문에서 아주 친절하게 설명하고 있다. 중복되지만 이 책을 아는 데 가장 첩경이겠기에 재확인하는 뜻에서 다음에 추려서 옮긴다:

……벨기에의 저명한 법학자 라블레 씨의 집에서 환대를 받으며 며칠 묵은 적이 있었다. 어느 날 산책을 하다가 이야기가 종교 문제에 이르렀다.

"일본의 학교에서는 종교 교육을 하지 않는다고요?"

"그렇습니다."

내가 이렇게 대답하자 그는 너무 놀란 나머지 걸음을 멈추며,

"어떻게 종교가 없이 아이들에게 도덕 교육을 할 수 있다는 말입니까?"

그의 물음에 나는 깜짝 놀랐다. 나는 그 자리에서 아무런 대답도 하지 못했다. 왜냐하면 내가 어릴 때 배운 인륜에 대한 교훈은 학교에서 배운 것이 아니기 때문이었다. 그래서 나는 선악의 관념을 나에게 일깨워 준 다양한 요소를 분석해 보았다. 그리고 그 관념을 나에게 불어넣어 준 것이 무사도였음을 깨달았다.

이 작은 책자를 쓰게 된 직접적인 동기는 내 아내가 이러저러한 생각과 습관이 일본에 퍼지게 된 것은 어째서냐고 끊임없이 물어댔기 때문이다.

라블레 씨와 아내에게 만족스러운 대답을 하려고 생각하는 동안 봉건 제도와 무사도에 대해 모르고서는 현대 일본의 도덕 관념을 이해할 수 없다는 사실을 깨달았다.

이것들은 주로 봉건제도가 아직 위세를 떨치고 있던 나의 청년 시대에 사람들에게 배우고 그렇게 하도록 지시를 받은 것들이다…….

〈무사도란 무엇인가〉로 시작되는 이 책은 그의 근원을 찾아 의(義)·용(勇)·인(仁)·예(禮)·성(誠)을 살피며, 무사는 이를 통하여 무엇을 배우고 연마했는가를 제시하고 있다.

〈사는 용기, 죽는 용기〉의 장에서는 할복(割腹)을 의식 전례로 들면서 '야마토 다마시〔大和魂〕'가 바로 일본 민족의 '아름다운 이상'임을 강조하고, 〈무사도는 되살아나는가〉·〈무사도의 유산에서 무엇을 배워야 할까〉로 마무리하고 있다.

특히 마지막 대목에서 저자 니토베는 일본에 있어 간단 없는 추진력의 바탕은 바로 무사도이며, 그것은 명예와 용기, 그리고 소중한 무덕(武德)의 유산이기에 불멸의 교훈으로 삼아야 함을 강조한다.

불사조는 자기를 태운 재 속에서 되살아나는 것임을 설파하는 가운데 무사도는 불멸의 교훈으로 시공을 넘어 일본 정신으로 이어져 갈 것임도 내다보고 있다.

실은 저자 니토베 자신이 일본의 봉건 시대 말기 사무라이 집안의 마지막 후예이기에 이처럼 실감나는 무사도의 설명이 가능했을 듯싶다. 다만 서문에서 보이듯이 벨기에의 법학자 라블레가 "일본의 학교에서는 종교 교육을 하지 않는다고요?" 하는 물음에 당황한 빛을 보이고 있는 그의 태도는, 일본의 근대화가 역시 주체적이지 못했다는 한 증거로 해석되는 것이다.

"서구적 개념의 종교 교육이 따로 필요 없는 일상적 윤리 체계의 초석으로서 무사도가 있었소!"
이렇게 대답했어야 옳았다.

이 책자의 저자 니토베뿐만 아니라 당대의 사상가로 꼽혔던 후쿠자와 유키치〔福澤諭吉〕나 소설가 나쓰메 소세키〔夏目漱石〕 모두에게서 구체적 상황은 다르지만 유사한 비주체성을 감지하게 된다.

이러한 현상은 같은 시기 비서구권 전반에서 풍미했던 '근대화=서구화'라는 역사 인식의 한계라 하겠다.

일본에 있어 근대화의 해석이 일정 시기 이처럼 적절치 못했다 하더라도 일본이 동양 문화권에서 가장 먼저 산업사회를 이룬 것은 사실이다. 그 끝이 엉뚱하게도 제2차 세계대전을 촉발시키고 결국은 패전에 이르지만 뒤이은 미·소 갈등의 와중에서 용케도 다시 기회를 잡아 오늘의 풍요를 누리고 있다.

그러나 일본은 세계의 이웃이기보다 경제 동물로 회자되고 있다.

그렇다면 흔히 일컬어지듯이 무사도가 일본 정신의 기바이 되는 것이라면 혹시나 무사도 그 자체에 반역사적인 성격이 도사리고 있는 것이 아닌가 의심되기에 이른다. 이 문제에 대하여 한마디 하고 싶다.

무사도는 일본의 봉건 시대에 민중을 다스리는 지배 계층이 갖추어야 할 법(法)이자 덕(德)이었다. 그리고 그것은 절대군주를 받드는 과정에서 목숨을 초개와 같이 던져 신의로써 위계질서를 지켰다. 또한 용맹스런 가운데 인의예성(仁義禮誠)을 신조 삼아 백성을 다스렸다. 그러니까 여기서 무사도란 역시 봉건 시대의 법도이자 덕목임을 알 수가 있다. 그런데 그것이 시대 변천과 관계없이 오늘의 일본인에게 그대로 받아들여지고 있다면 문제다.

의식의 바뀜과 시대 변천에 따라 '진리'나 '가치관'도 바뀌는 것이니, 그 인식도 가변(可變)해야 하는 것인데 그렇지 못했다는 데 문제가 있을 뿐이다.

온 백성이 평등해야 하는 시대에 충의(忠義)를 앞세움은 걸맞지 않는다. 그러나 여기에서 충의로 모셔야 할 대상이 군주에서 백성으로 바뀐다면 문제는 달라진다.

 진리도 바뀌는 것이라는 논리는 세상 이치의 가변을 논증하는 것이리라. 오늘의 일본이 세계의 이웃으로부터 손가락질받는 것이 있다면 그것은 무사도의 잘못이 아니라 가변하는 사회 정의에 따른 무사도의 재해석이 결여된 결과가 아닐까?

 받들어야 할 대상의 바뀜이 쉽지 않은 일본 나름의 실상이 또한 무사도의 재인식을 어렵게 하고 있지는 않은 것일까?

 군주에서 백성으로 모시는 대상만 바뀐다면 사사로운 몇몇 대목을 빼고는 모두가 세상을 살아가는 '덕목'으로 삼아 마땅한 것들이겠기에 말이다. 그렇다면 '무사도'는 역시 일본 정신의 주맥(主脈)임에 틀림없다는 생각으로 되돌아온다.

1997년 11월 1일자 요미우리 신문〔讀賣新聞〕에 '무사도'를 주제로 한 다음과 같은 제목 아래 대담 기사가 실렸다:

 무사도——사회에 대한 의무감과 윤리, 지금 일본인에게 가장 부족한 점.

대담에 응한 야마모토 히로후미〔山本博文〕는 도쿄대학 사료편찬소 조교수로 일본 근세사를 전공하는 젊은 역사학자다. 1957년생이니 당시 40세다. 내용 중 몇 대목만 간추려 옮긴다:

 "무사도, 지금은 완전히 한물 간 말입니다. 그러나 '높은 신분에 걸맞는 의무, 공덕으로 봉사한다는 의미에서의 윤리감'을 뜻하니 오늘의 일본인에게 가장 부족한 점입니다. 마땅히 복권되어야 합니다…….
 태연하게 뇌물을 받아 챙기고 깨끗하게 죄를 인정하지 않는 정치가와 고위 관료, 무사안일주의로 거액의 이익을 챙겨가는 일류 기업의 간부들…….

사회 지도적인 입장에 있는 사람뿐만 아니라 일반적으로 모럴의 저하가 지적되고 있는 것이 작금의 현실입니다.
무사도는 서민에게도 잠재해 있던 도덕이었으나 메이지 유신〔明治維新〕에 의한 신분제도의 폐지는 그 존재 기반을 흔들었습니다. 그래도 국사를 담당하는 소수의 정치가와 관료들에게는 계승되고 있었지만, 패전 후 가치관의 변화로 사라져 버렸습니다……"

"……이러한 풍토가 유착의 온상, 뇌물이 횡행하는 원인이 되었음이 분명합니다. 그러나 다른 한편으로 당시에는 부정의(不正義)를 수치로 여겼던 무사도이기에 오직(汚職) 방지의 억지력으로 작용하고 있었습니다.
에도〔江戶〕 시대가 종종 뇌물의 사회처럼 불려지고 있지만 꼭 그렇지만은 않습니다.
신분제도는 폐지해야 당연하고 모두가 평등해야 한다는 것은 당연한 말이지만, 결과적으로 현대인에게는 사회에 대한 의무감과 윤리감을 배양하는 환경마저 사라져 버렸습니다. 이것이 여러 비리의 근본이 된다고 생각합니다……"

"……무사도가 자취를 감춤으로써 일본 사회는 자유와 평등을 획득했습니다. 그러나 세기말에 와서 잃어버린 것이 더 많습니다. 신앙심이 부족한 일본인은 뭔가 살아 있는 규범을 되찾지 않으면 표류할 위험성이 있습니다. 무사사회에서 현대사회로 바뀌는 과정에 무사도는 꼭 풀어야 할 과제가 있는데도 말입니다……"

일본의 젊은 사학자 야마모토 히로후미는 오늘의 일본인에 있어 무사도는 새롭게 조명되어야 하는 것임을 결론으로 주장하고 있다.

옮긴이의 글이 너무 장황해진 것 같다.
끝으로 첨언하고 싶은 것은 무사도란 그 이름이 말해 주듯이 무(武)

와 사(士)가 함께 하는 도(道)라는 것이다. 그런데 시대에 따라 또는 사람에 따라 '무'를 앞세우는 경우, '사'를 앞세우는 경우가 있어 왔다. 이런 경향은 편중되게 어느 한쪽(주로 '무'였지만)에 치우침으로써 균형을 잃으니 편벽된 관습으로 혐오의 대상이 되기도 했었다.

일본 역사를 통하여 '무'와 '사'가 조화로웠던 시대는 비교적 평온했으며, 예컨대 침략정책을 폈던 임진왜란과 같은 시기는 '주군을 위한 죽음의 각오'만을 절대적 교조로 삼았던 살벌한 세상이었다.

우리가 문무겸전(文武兼全)을 내세우면서도 '무'를 홀시하여 나라를 빼앗긴 것과는 반대의 예라 하겠다.

흔히 서양을 알려면 '기사도,' 일본은 '무사도'를 든다. 그렇다면 우리의 '화랑도'는 어떠한 것일까? 무엇이 다르고 무엇이 같을까?

서툰 솜씨를 무릅쓰고 이 책을 옮긴 데는 무사도 그 자체의 궁금증도 있지만 '기사도'와 '화랑도'를 부감하여 살피는 데 있어 거쳐야 할 한 과정이라는 욕심에서이다.

우리 나라 전통무예의 기본이자 집대성이라 할 《무예도보통지武藝圖譜通志》와 해범(海帆) 김광석(金光錫) 선생의 《권법요결拳法要訣》·《본국검本國劍》·《조선창봉교정朝鮮槍棒敎程》을 펴낸 도서출판 '동문선'에서 졸역인 이 《무사도》를 간행케 된 것은 큰 기쁨이 아닐 수 없다.

2002년 9월 옮긴이 심우성

심우성 沈雨晟
1934년 충남 공주 출생
민속학자, 1인극 배우, 공주민속극박물관 관장
著書:《民俗文化와 民衆意識》《남사당패 연구》
《한국의 민속극》《한국의 민속놀이》《마당굿 연희본》
《한국전통예술개론》《武藝圖譜通志》(해제)
譯書:《연극의 역사》《전위연극론》《인형극의 역사》
《행위예술론》《아시아 무용의 인류학》
《아시아 민족음악의 순례》《성과 결혼의 민족학》
《역과 점의 과학》《朝鮮巫俗의 硏究 上·下》
《조선을 생각한다》《조선의 소반·조선도자명고》
《조선공예개관》

현대신서
130

武士道란 무엇인가

초판발행 : 2002년 10월 10일

지은이 : 니토베 이나조
옮긴이 : 沈雨晟
펴낸이 : 辛成大
펴낸곳 : 東文選
제10-64호, 78. 12. 16 등록
110-300 서울 종로구 관훈동 74번지
전화 : 737-2795

ISBN 89-8038-111-5 04300
ISBN 89-8038-050-X (현대신서)

【東文選 現代新書】

1	21세기를 위한 새로운 엘리트	FORESEEN 연구소 / 김경현	7,000원
2	의지, 의무, 자유 — 주제별 논술	L. 밀러 / 이대희	6,000원
3	사유의 패배	A. 핑켈크로트 / 주태환	7,000원
4	문학이론	J. 컬러 / 이은경·임옥희	7,000원
5	불교란 무엇인가	D. 키언 / 고길환	6,000원
6	유대교란 무엇인가	N. 솔로몬 / 최창모	6,000원
7	20세기 프랑스철학	E. 매슈스 / 김종갑	8,000원
8	강의에 대한 강의	P. 부르디외 / 현택수	6,000원
9	텔레비전에 대하여	P. 부르디외 / 현택수	7,000원
10	고고학이란 무엇인가	P. 반 / 박범수	근간
11	우리는 무엇을 아는가	T. 나겔 / 오영미	5,000원
12	에쁘롱 — 니체의 문체들	J. 데리다 / 김다은	7,000원
13	히스테리 사례분석	S. 프로이트 / 태혜숙	7,000원
14	사랑의 지혜	A. 핑켈크로트 / 권유현	6,000원
15	일반미학	R. 카이유와 / 이경자	6,000원
16	본다는 것의 의미	J. 버거 / 박범수	10,000원
17	일본영화사	M. 테시에 / 최은미	7,000원
18	청소년을 위한 철학교실	A. 자카르 / 장혜영	7,000원
19	미술사학 입문	M. 포인턴 / 박범수	8,000원
20	클래식	M. 비어드·J. 헨더슨 / 박범수	6,000원
21	정치란 무엇인가	K. 미노그 / 이정철	6,000원
22	이미지의 폭력	O. 몽젱 / 이은민	8,000원
23	청소년을 위한 경제학교실	J. C. 드루엥 / 조은미	6,000원
24	순진함의 유혹 〔메디시스賞 수상작〕	P. 브뤼크네르 / 김웅권	9,000원
25	청소년을 위한 이야기 경제학	A. 푸르상 / 이은민	8,000원
26	부르디외 사회학 입문	P. 보네위츠 / 문경자	7,000원
27	돈은 하늘에서 떨어지지 않는다	K. 아른트 / 유영미	6,000원
28	상상력의 세계사	R. 보이아 / 김웅권	9,000원
29	지식을 교환하는 새로운 기술	A. 벵토릴라 外 / 김혜경	6,000원
30	니체 읽기	R. 비어즈워스 / 김웅권	6,000원
31	노동, 교환, 기술 — 주제별 논술	B. 데코사 / 신은영	6,000원
32	미국만들기	R. 로티 / 임옥희	근간
33	연극의 이해	A. 쿠프리 / 장혜영	8,000원
34	라틴문학의 이해	J. 가야르 / 김교신	8,000원
35	여성적 가치의 선택	FORESEEN연구소 / 문신원	7,000원
36	동양과 서양 사이	L. 이리가라이 / 이은민	7,000원
37	영화와 문학	R. 리처드슨 / 이형식	8,000원
38	분류하기의 유혹 — 생각하기와 조직하기	G. 비뇨 / 임기대	7,000원
39	사실주의 문학의 이해	G. 라루 / 조성애	8,000원
40	윤리학 — 악에 대한 의식에 관하여	A. 바디우 / 이종영	7,000원
41	흙과 재 〔소설〕	A. 라히미 / 김주경	6,000원

#	제목	저자 / 역자	가격
42	진보의 미래	D. 르쿠르 / 김영선	6,000원
43	중세에 살기	J. 르 고프 外 / 최애리	8,000원
44	쾌락의 횡포·상	J. C. 기유보 / 김웅권	10,000원
45	쾌락의 횡포·하	J. C. 기유보 / 김웅권	10,000원
46	운디네와 지식의 불	B. 데스파냐 / 김웅권	근간
47	이성의 한가운데에서 — 이성과 신앙	A. 퀴노 / 최은영	6,000원
48	도덕적 명령	FORESEEN 연구소 / 우강택	6,000원
49	망각의 형태	M. 오제 / 김수경	6,000원
50	느리게 산다는 것의 의미·1	P. 쌍소 / 김주경	7,000원
51	나만의 자유를 찾아서	C. 토마스 / 문신원	6,000원
52	음악적 삶의 의미	M. 존스 / 송인영	근간
53	나의 철학 유언	J. 기통 / 권유현	8,000원
54	타르튀프 / 서민귀족 (희곡)	몰리에르 / 덕성여대극예술비교연구회	8,000원
55	판타지 공장	A. 플라워즈 / 박범수	10,000원
56	홍수·상 (완역판)	J. M. G. 르 클레지오 / 신미경	8,000원
57	홍수·하 (완역판)	J. M. G. 르 클레지오 / 신미경	8,000원
58	일신교 — 성경과 철학자들	E. 오르티그 / 전광호	6,000원
59	프랑스 시의 이해	A. 바이양 / 김다은·이혜지	8,000원
60	종교철학	J. P. 힉 / 김희수	10,000원
61	고요함의 폭력	V. 포레스테 / 박은영	8,000원
62	고대 그리스의 시민	C. 모세 / 김덕희	근간
63	미학개론 — 예술철학입문	A. 셰퍼드 / 유호전	10,000원
64	논증 — 담화에서 사고까지	G. 비뇨 / 임기대	6,000원
65	역사 — 성찰된 시간	F. 도스 / 김미겸	7,000원
66	비교문학개요	F. 클로동·K. 아다-보트링 / 김정란	8,000원
67	남성지배	P. 부르디외 / 김용숙·주경미	9,000원
68	호모사피엔스에서 인터렉티브인간으로	FORESEEN 연구소 / 공나리	8,000원
69	상투어 — 언어·담론·사회	R. 아모시·A. H. 피에로 / 조성애	9,000원
70	촛불의 미학	G. 바슐라르 / 이가림	근간
71	푸코 읽기	P. 빌루에 / 나길래	근간
72	문학논술	J. 파프·D. 로쉬 / 권종분	8,000원
73	한국전통예술개론	沈雨晟	10,000원
74	시학 — 문학 형식 일반론 입문	D. 퐁텐느 / 이용주	8,000원
75	《시민 케인》	L. 멀비 / 이형식	근간
76	동물성 — 인간의 위상에 관하여	D. 르스텔 / 김승철	6,000원
77	랑가쥬 이론 서설	L. 옐름슬레우 / 김용숙·김혜련	10,000원
78	잔혹성의 미학	F. 토넬리 / 박형섭	9,000원
79	문학 텍스트의 정신분석	M. J. 벨멩-노엘 / 심재중·최애영	9,000원
80	무관심의 절정	J. 보드리야르 / 이은민	8,000원
81	영원한 황홀	P. 브뤼크네르 / 김웅권	9,000원
82	노동의 종말에 반하여	D. 슈나페르 / 김교신	6,000원
83	프랑스영화사	J. -P. 장콜 / 김혜련	근간

84 조와(弔蛙)	金敎臣 / 노치준·민혜숙	8,000원
85 역사적 관점에서 본 시네마	J. -L. 뢰트라 / 곽노경	8,000원
86 욕망에 대하여	M. 슈벨 / 서민원	8,000원
87 산다는 것의 의미·1—여분의 행복	P. 쌍소 / 김주경	7,000원
88 철학 연습	M. 아롱델-로오 / 최은영	8,000원
89 삶의 기쁨들	D. 노게 / 이은민	6,000원
90 이탈리아영화사	L. 스키파노 / 이주현	8,000원
91 한국문화론	趙興胤	10,000원
92 현대연극미학	M. -A. 샤르보니에 / 홍지화	8,000원
93 느리게 산다는 것의 의미·2	P. 쌍소 / 김주경	7,000원
94 진정한 모럴은 모럴을 비웃는다	A. 에슈고엔 / 김웅권	8,000원
95 한국종교문화론	趙興胤	10,000원
96 근원적 열정	L. 이리가라이 / 박정오	9,000원
97 라캉, 주체 개념의 형성	B. 오질비 / 김 석	9,000원
98 미국식 사회 모델	J. 바이스 / 김종명	7,000원
99 소쉬르와 언어과학	P. 가데 / 김용숙·임정혜	10,000원
100 철학적 기본 개념	R. 페르버 / 조국현	8,000원
101 철학자들의 동물원	A. L. 브라쇼파르 / 문신원	근간
102 글렌 굴드, 피아노 솔로	M. 슈나이더 / 이창실	7,000원
103 문학비평에서의 실험	C. S. 루이스 / 허 종	근간
104 코뿔소 [희곡]	E. 이오네스코 / 박형섭	8,000원
105 《제7의 봉인》 비평연구	E. 그랑조르주 / 이은민	근간
106 《쥘과 짐》 비평연구	C. 르 베로 / 이은민	근간
107 경제, 거대한 사탄인가?	P. -N. 지로 / 김교신	7,000원
108 딸에게 들려 주는 작은 철학	R. 시몬 셰퍼 / 안상원	7,000원
109 도덕에 관한 에세이	C. 로슈·J. -J. 바레르 / 고수현	6,000원
110 프랑스 고전비극	B. 클레망 / 송민숙	근간
111 고전수사학	G. 위딩 / 박성철	근간
112 유토피아	T. 파코 / 조성애	근간
113 쥐비알	A. 자르댕 / 김남주	7,000원
114 증오의 모호한 대상	J. 아순 / 김승철	근간
115 개인—주체철학에 대한 고찰	A. 르노 / 장정아	근간
116 이슬람이란 무엇인가	M. 루스벤 / 최생열	8,000원
117 간추린 서양철학사·상	A. 케니 / 이영주	근간
118 간추린 서양철학사·하	A. 케니 / 이영주	근간
119 느리게 산다는 것의 의미·3	P. 쌍소 / 김주경	7,000원
120 문학과 정치사상	P. 페티티에 / 이종민	8,000원
121 하느님의 가장 아름다운 이야기	A. 보테르 外 / 주태환	근간
122 시민 교육	P. 카니베즈 / 박주원	근간
123 스페인영화사	J- C. 스갱 / 정동섭	근간
124 포켓의 형태	J. 버거 / 이영주	근간
125 내 몸의 신비—세상에서 가장 큰 기적	A. 지오르당 / 이규식	7,000원

126	세 가지 생태학	F. 가타리 / 윤수종	근간
127	모리스 블랑쇼에 대하여	E. 레비나스 / 박규현	근간
128	작은 사건들	R. 바르트 / 김주경	근간
129	번영의 비참	P. 브뤼크네르 / 이창실	근간
130	무사도란 무엇인가	新渡戸稻造 / 沈雨晟	7,000원

【東文選 文藝新書】

1	저주받은 詩人들	A. 뻬이르 / 최수철·김종호	개정근간
2	민속문화론서설	沈雨晟	40,000원
3	인형극의 기술	A. 훼도토프 / 沈雨晟	8,000원
4	전위연극론	J. 로스 에반스 / 沈雨晟	12,000원
5	남사당패연구	沈雨晟	10,000원
6	현대영미희곡선(전4권)	N. 코워드 外 / 李辰洙	절판
7	행위예술	L. 골드버그 / 沈雨晟	절판
8	문예미학	蔡 儀 / 姜慶鎬	절판
9	神의 起源	何 新 / 洪 熹	16,000원
10	중국예술정신	徐復觀 / 權德周 外	24,000원
11	中國古代書史	錢存訓 / 金允子	14,000원
12	이미지 — 시각과 미디어	J. 버거 / 편집부	12,000원
13	연극의 역사	P. 하트놀 / 沈雨晟	절판
14	詩 論	朱光潛 / 鄭相泓	9,000원
15	탄트라	A. 무케르지 / 金龜山	10,000원
16	조선민족무용기본	최승희	15,000원
17	몽고문화사	D. 마이달 / 金龜山	8,000원
18	신화 미술 제사	張光直 / 李 徹	10,000원
19	아시아 무용의 인류학	宮尾慈良 / 沈雨晟	절판
20	아시아 민족음악순례	藤井知昭 / 沈雨晟	5,000원
21	華夏美學	李澤厚 / 權 瑚	15,000원
22	道	張立文 / 權 瑚	18,000원
23	朝鮮의 占卜과 豫言	村山智順 / 金禧慶	15,000원
24	원시미술	L. 아담 / 金仁煥	16,000원
25	朝鮮民俗誌	秋葉隆 / 沈雨晟	12,000원
26	神話의 이미지	J. 캠벨 / 扈承喜	근간
27	原始佛敎	中村元 / 鄭泰爀	8,000원
28	朝鮮女俗考	李能和 / 金尙憶	24,000원
29	朝鮮解語花史(조선기생사)	李能和 / 李在崑	25,000원
30	조선창극사	鄭魯湜	7,000원
31	동양회화미학	崔炳植	9,000원
32	性과 결혼의 민족학	和田正平 / 沈雨晟	9,000원
33	農漁俗談辭典	宋在璇	12,000원
34	朝鮮의 鬼神	村山智順 / 金禧慶	12,000원
35	道敎와 中國文化	葛兆光 / 沈揆昊	15,000원

36	禪宗과 中國文化	葛兆光 / 鄭相泓·任炳權	8,000원
37	오페라의 역사	L. 오레이 / 류연희	절판
38	인도종교미술	A. 무케르지 / 崔炳植	14,000원
39	힌두교의 그림언어	안넬리제 外 / 全在星	9,000원
40	중국고대사회	許進雄 / 洪 熹	22,000원
41	중국문화개론	李宗桂 / 李宰碩	15,000원
42	龍鳳文化源流	王大有 / 林東錫	25,000원
43	甲骨學通論	王宇信 / 李宰碩	근간
44	朝鮮巫俗考	李能和 / 李在崑	20,000원
45	미술과 페미니즘	N. 부루드 外 / 扈承喜	9,000원
46	아프리카미술	P. 윌레뜨 / 崔炳植	절판
47	美의 歷程	李澤厚 / 尹壽榮	22,000원
48	曼茶羅의 神들	立川武藏 / 金龜山	19,000원
49	朝鮮歲時記	洪錫謨 外/李錫浩	30,000원
50	하 상	蘇曉康 外 / 洪 熹	절판
51	武藝圖譜通志 實技解題	正 祖 / 沈雨晟·金光錫	15,000원
52	古文字學첫걸음	李學勤 / 河永三	14,000원
53	體育美學	胡小明 / 閔永淑	10,000원
54	아시아 美術의 再發見	崔炳植	9,000원
55	曆과 占의 科學	永田久 / 沈雨晟	8,000원
56	中國小學史	胡奇光 / 李宰碩	20,000원
57	中國甲骨學史	吳浩坤 外 / 梁東淑	35,000원
58	꿈의 철학	劉文英 / 河永三	22,000원
59	女神들의 인도	立川武藏 / 金龜山	19,000원
60	性의 역사	J. L. 플랑드렝 / 편집부	18,000원
61	쉬르섹슈얼리티	W. 챠드윅 / 편집부	10,000원
62	여성속담사전	宋在璇	18,000원
63	박재서희곡선	朴栽緖	10,000원
64	東北民族源流	孫進己 / 林東錫	13,000원
65	朝鮮巫俗의 硏究(상·하)	赤松智城·秋葉隆 / 沈雨晟	28,000원
66	中國文學 속의 孤獨感	斯波六郎 / 尹壽榮	8,000원
67	한국사회주의 연극운동사	李康列	8,000원
68	스포츠인류학	K. 블량챠드 外 / 박기동 外	12,000원
69	리조복식도감	리팔찬	절판
70	娼 婦	A. 꼬르뱅 / 李宗旼	22,000원
71	조선민요연구	高晶玉	30,000원
72	楚文化史	張正明 / 南宗鎭	26,000원
73	시간, 욕망, 그리고 공포	A. 코르뱅 / 변기찬	18,000원
74	本國劍	金光錫	40,000원
75	노트와 반노트	E. 이오네스코 / 박형섭	절판
76	朝鮮美術史硏究	尹喜淳	7,000원
77	拳法要訣	金光錫	20,000원

78 艸衣選集	艸衣意恂 / 林鍾旭	14,000원
79 漢語音韻學講義	董少文 / 林東錫	10,000원
80 이오네스코 연극미학	C. 위베르 / 박형섭	9,000원
81 중국문자훈고학사전	全廣鎭 편역	15,000원
82 상말속담사전	宋在璇	10,000원
83 書法論叢	沈尹默 / 郭魯鳳	8,000원
84 침실의 문화사	P. 디비 / 편집부	9,000원
85 禮의 精神	柳肅 / 洪熹	20,000원
86 조선공예개관	日本民芸協會 편 / 沈雨晟	30,000원
87 性愛의 社會史	J. 솔레 / 李宗旼	18,000원
88 러시아미술사	A. I. 조토프 / 이건수	22,000원
89 中國書藝論文選	郭魯鳳 選譯	25,000원
90 朝鮮美術史	關野貞 / 沈雨晟	근간
91 美術版 탄트라	P. 로슨 / 편집부	8,000원
92 군달리니	A. 무케르지 / 편집부	9,000원
93 카마수트라	바쨔야나 / 鄭泰爀	10,000원
94 중국언어학총론	J. 노먼 / 全廣鎭	18,000원
95 運氣學說	任應秋 / 李宰碩	8,000원
96 동물속담사전	宋在璇	20,000원
97 자본주의의 아비투스	P. 부르디외 / 최종철	6,000원
98 宗敎學入門	F. 막스 뮐러 / 金龜山	10,000원
99 변 화	P. 바츨라빅크 外 / 박인철	10,000원
100 우리나라 민속놀이	沈雨晟	15,000원
101 歌訣(중국역대명언경구집)	李宰碩 편역	20,000원
102 아니마와 아니무스	A. 융 / 박해순	8,000원
103 나, 너, 우리	L. 이리가라이 / 박정오	12,000원
104 베케트연극론	M. 푸크레 / 박형섭	8,000원
105 포르노그래피	A. 드워킨 / 유혜련	12,000원
106 셸 링	M. 하이데거 / 최상욱	12,000원
107 프랑수아 비용	宋 勉	18,000원
108 중국서예 80제	郭魯鳳 편역	16,000원
109 性과 미디어	W. B. 키 / 박해순	12,000원
110 中國正史朝鮮列國傳(전2권)	金聲九 편역	120,000원
111 질병의 기원	T. 매큐언 / 서 일·박종연	12,000원
112 과학과 젠더	E. F. 켈러 / 민경숙·이현주	10,000원
113 물질문명·경제·자본주의	F. 브로델 / 이문숙 外	절판
114 이탈리아인 태고의 지혜	G. 비코 / 李源斗	8,000원
115 中國武俠史	陳 山 / 姜鳳求	18,000원
116 공포의 권력	J. 크리스테바 / 서민원	23,000원
117 주색잡기속담사전	宋在璇	15,000원
118 죽음 앞에 선 인간(상·하)	P. 아리에스 / 劉仙子	각권 8,000원
119 철학에 대하여	L. 알튀세르 / 서관모·백승욱	12,000원

번호	제목	저자/역자	가격
120	다른 곳	J. 데리다 / 김다은 · 이혜지	10,000원
121	문학비평방법론	D. 베르제 外 / 민혜숙	12,000원
122	자기의 테크놀로지	M. 푸코 / 이희원	16,000원
123	새로운 학문	G. 비코 / 李源斗	22,000원
124	천재와 광기	P. 브르노 / 김웅권	13,000원
125	중국은사문화	馬 華·陳正宏 / 강경범·천현경	12,000원
126	푸코와 페미니즘	C. 라마자노글루 外 / 최 영 外	16,000원
127	역사주의	P. 해밀턴 / 임옥희	12,000원
128	中國書藝美學	宋 民 / 郭魯鳳	16,000원
129	죽음의 역사	P. 아리에스 / 이종민	18,000원
130	돈속담사전	宋在璇 편	15,000원
131	동양극장과 연극인들	김영무	15,000원
132	生育神과 性巫術	宋兆麟 / 洪 熹	20,000원
133	미학의 핵심	M. M. 이턴 / 유호전	14,000원
134	전사와 농민	J. 뒤비 / 최생열	18,000원
135	여성의 상태	N. 에니크 / 서민원	22,000원
136	중세의 지식인들	J. 르 고프 / 최애리	18,000원
137	구조주의의 역사(전4권)	F. 도스 / 이봉지 外	각권 13,000원
138	글쓰기의 문제해결전략	L. 플라워 / 원진숙·황정현	20,000원
139	음식속담사전	宋在璇 편	16,000원
140	고전수필개론	權 瑚	16,000원
141	예술의 규칙	P. 부르디외 / 하태환	23,000원
142	"사회를 보호해야 한다"	M. 푸코 / 박정자	20,000원
143	페미니즘사전	L. 터틀 / 호승희·유혜련	26,000원
144	여성심벌사전	B. G. 워커 / 정소영	근간
145	모데르니테 모데르니테	H. 메쇼닉 / 김다은	20,000원
146	눈물의 역사	A. 벵상뷔포 / 이자경	18,000원
147	모더니티입문	H. 르페브르 / 이종민	24,000원
148	재생산	P. 부르디외 / 이상호	18,000원
149	종교철학의 핵심	W. J. 웨인라이트 / 김희수	18,000원
150	기호와 몽상	A. 시몽 / 박형섭	22,000원
151	융분석비평사전	A. 새뮤얼 外 / 민혜숙	16,000원
152	운보 김기창 예술론연구	최병식	14,000원
153	시적 언어의 혁명	J. 크리스테바 / 김인환	20,000원
154	예술의 위기	Y. 미쇼 / 하태환	15,000원
155	프랑스사회사	G. 뒤프 / 박 단	16,000원
156	중국문예심리학사	劉偉林 / 沈揆昊	30,000원
157	무지카 프라티카	M. 캐넌 / 김혜중	25,000원
158	불교산책	鄭泰爀	20,000원
159	인간과 죽음	E. 모랭 / 김명숙	23,000원
160	地中海(전5권)	F. 브로델 / 李宗旼	근간
161	漢語文字學史	黃德實·陳秉新 / 河永三	24,000원

162	글쓰기와 차이	J. 데리다 / 남수인	28,000원
163	朝鮮神事誌	李能和 / 李在崑	근간
164	영국제국주의	S. C. 스미스 / 이태숙·김종원	16,000원
165	영화서술학	A. 고드로·F. 조스트 / 송지연	17,000원
166	美學辭典	사사키 겡이치 / 민주식	22,000원
167	하나이지 않은 성	L. 이리가라이 / 이은민	18,000원
168	中國歷代書論	郭魯鳳 譯註	8,000원
169	요가수트라	鄭泰爀	15,000원
170	비정상인들	M. 푸코 / 박정자	25,000원
171	미친 진실	J. 크리스테바 外 / 서민원	25,000원
172	디스탱숑(상·하)	P. 부르디외 / 이종민	근간
173	세계의 비참(전3권)	P. 부르디외 外 / 김주경	각권 26,000원
174	수묵의 사상과 역사	崔炳植	근간
175	파스칼적 명상	P. 부르디외 / 김웅권	22,000원
176	지방의 계몽주의	D. 로슈 / 주명철	30,000원
177	이혼의 역사	R. 필립스 / 박범수	25,000원
178	사랑의 단상	R. 바르트 / 김희영	근간
179	中國書藝理論體系	熊秉明 / 郭魯鳳	23,000원
180	미술시장과 경영	崔炳植	16,000원
181	카프카 — 소수적인 문학을 위하여	G. 들뢰즈·F. 가타리 / 이진경	13,000원
182	이미지의 힘 — 영상과 섹슈얼리티	A. 쿤 / 이형식	13,000원
183	공간의 시학	G. 바슐라르 / 곽광수	근간
184	랑데부 — 이미지와의 만남	J. 버거 / 임옥희·이은경	근간
185	푸코와 문학 — 글쓰기의 계보학을 향하여	S. 듀링 / 오경심·홍유미	근간
186	각색, 연극에서 영화로	A. 엘보 / 이선형	16,000원
187	폭력과 여성들	C. 도펭 外 / 이은민	18,000원
188	하드 바디 — 할리우드 영화에 나타난 남성성	S. 제퍼드 / 이형식	18,000원
189	영화의 환상성	J.-L. 뢰트라 / 김경온·오일환	18,000원
190	번역과 제국	D. 로빈슨 / 정혜욱	16,000원
191	그라마톨로지에 대하여	J. 데리다 / 김웅권	근간
192	보건 유토피아	R. 브로만 外 / 서민원	근간
193	현대의 신화	R. 바르트 / 이화여대기호학연구소	20,000원
194	중국회화백문백답	郭魯鳳	근간
195	고서화감정개론	徐邦達 / 郭魯鳳	근간
196	상상의 박물관	A. 말로 / 김웅권	근간
197	부빈의 일요일	J. 뒤비 / 최생열	근간
198	아인슈타인의 최대 실수	D. 골드스미스 / 박범수	근간
199	유인원, 사이보그, 그리고 여자	D. 해러웨이 / 민경숙	25,000원
200	공동생활 속의 개인주의	F. 드 생글리 / 최은영	근간
201	기식자	M. 세르 / 김웅권	24,000원
202	연극미학 — 플라톤에서 브레히트까지의 텍스트들	J. 셰레 外 / 홍지화	근간
203	철학자들의 신(전2권)	W. 바이셰델 / 최상욱	근간

204 고대세계의 정치	M. I. 포리 / 최생열		근간
205 카프카의 고독	M. 로베르 / 이창실		근간
206 문화 학습 — 실천적 입문서	J. 자일즈 · T. 미들턴 / 장성희		근간
207 호모 아카데미쿠스	P. 부르디외 / 임기대		근간
208 朝鮮槍棒敎程	金光錫		40,000원
209 자유의 순간	P. M. 코헨 / 최하영		근간
210 밀교의 세계	鄭泰爀		근간
211 토탈 스크린	J. 보드리야르 / 배영달		19,000원

【기 타】

모드의 체계	R. 바르트 / 이화여대기호학연구소	18,000원
텍스트의 즐거움	R. 바르트 / 김희영	15,000원
라신에 관하여	R. 바르트 / 남수인	10,000원
說 苑 (上·下)	林東錫 譯註	각권 30,000원
晏子春秋	林東錫 譯註	30,000원
西京雜記	林東錫 譯註	20,000원
搜神記 (上·下)	林東錫 譯註	각권 30,000원
경제적 공포[메디시스賞 수상작]	V. 포레스테 / 김주경	7,000원
古陶文字徵	高 明·葛英會	20,000원
古文字類編	高 明	절판
金文編	容 庚	36,000원
고독하지 않은 홀로되기	P. 들레름·M. 들레름 / 박정오	8,000원
그리하여 어느날 사랑이여	이외수 편	6,500원
딸에게 들려 주는 작은 지혜	N. 레흐레이트너 / 양영란	6,500원
노력을 대신하는 것은 없다	R. 쉬이 / 유혜련	5,000원
미래를 원한다	J. D. 로스네 / 문 선·김덕희	8,500원
사랑의 존재	한용운	3,000원
산이 높으면 마땅히 우러러볼 일이다	유 향 / 임동석	5,000원
서기 1000년과 서기 2000년 그 두려움의 흔적들	J. 뒤비 / 양영란	8,000원
서비스는 유행을 타지 않는다	B. 바게트 / 정소영	5,000원
선종이야기	홍 희 편저	8,000원
섬으로 흐르는 역사	김영회	10,000원
세계사상	창간호~3호: 각권 10,000원 / 4호:	14,000원
십이속상도안집	편집부	8,000원
어린이 수묵화의 첫걸음(전6권)	趙 陽 / 편집부	각권 5,000원
오늘 다 못다한 말은	이외수 편	7,000원
오블라디 오블라다, 인생은 브래지어 위를 흐른다	무라카미 하루키 / 김난주	7,000원
인생은 앞유리를 통해서 보라	B. 바게트 / 박해순	5,000원
잠수복과 나비	J. D. 보비 / 양영란	6,000원
천연기념물이 된 바보	최병식	7,800원
原本 武藝圖譜通志	正祖 命撰	60,000원
隸字編	洪鈞陶	40,000원

■ 테오의 여행 (전5권)	C. 클레망 / 양영란	각권 6,000원
■ 한글 설원 (상·중·하)	임동석 옮김	각권 7,000원
■ 한글 안자춘추	임동석 옮김	8,000원
■ 한글 수신기 (상·하)	임동석 옮김	각권 8,000원

【이외수 작품집】

■ 겨울나기	창작소설	7,000원
■ 그대에게 던지는 사랑의 그물	에세이	7,000원
■ 꿈꾸는 식물	장편소설	7,000원
■ 내 잠 속에 비 내리는데	에세이	7,000원
■ 들 개	장편소설	7,000원
■ 말더듬이의 겨울수첩	에스프리모음집	7,000원
■ 벽오금학도	장편소설	7,000원
■ 장수하늘소	창작소설	7,000원
■ 칼	장편소설	7,000원
■ 풀꽃 술잔 나비	서정시집	4,000원
■ 황금비늘 (1·2)	장편소설	각권 7,000원

【조병화 작품집】

■ 공존의 이유	제11시점	5,000원
■ 그리운 사람이 있다는 것은	제45시집	5,000원
■ 길	애송시모음집	10,000원
■ 개구리의 명상	제40시집	3,000원
■ 꿈	고희기념자선시집	10,000원
■ 따뜻한 슬픔	제49시집	5,000원
■ 버리고 싶은 유산	제 1시집	3,000원
■ 사랑의 노숙	애송시집	4,000원
■ 사랑의 여백	애송시화집	5,000원
■ 사랑이 가기 전에	제 5시집	4,000원
■ 남은 세월의 이삭	제 52시집	6,000원
■ 시와 그림	애장본시화집	30,000원
■ 아내의 방	제44시집	4,000원
■ 잠 잃은 밤에	제39시집	3,400원
■ 패각의 침실	제 3시집	3,000원
■ 하루만의 위안	제 2시집	3,000원

東文選 文藝新書 85

禮의 精神

柳 蕭 지음
洪 憙 옮김

이 책에서 다루고 있는 〈예〉는, 현재 의미상의 문명적인 예의뿐만 아니라 사회의 도덕가치·민족정신·예술심리·풍속습관 등 여러 방면에 이르는 극히 넓은 문화적 범주를 뜻한다.

〈예〉는 인류 문명의 자랑할 만한 많은 것들을 창조하였지만, 동시에 후인들로 하여금 지금까지 내던져 버리기 어려운 보따리를 짊어지게 하였다고 전제하고, 어떻게 하면 이 둘 사이에서 적합한 문명 발전의 길을 찾느냐를 모색하고 있다.

정신문화상으로는 동양의 오랜 문명과 예의를 가지며, 물질문화상으로는 서양의 선진국가를 초월하여 동서양 문화의 성공적인 결합을 이루고자 함에 있어 그 정신을 다시 한번 되짚는다.

또한 이 책은 〈예〉라는 한 각도에서 그 문화적인 심층구조와 겉으로 드러난 형태 사이의 관계를 논술하면서 통치자인 군주의 도덕윤리적 수양을 비롯하여, 일반 평민의 가족관계를 유지하고 사회의 안정을 유지하는 기초적인 조건에 이르기까지 저마다 자각하고 준수해야 할 도덕규범을 민족정신과 문화현상을 통해 비교분석하고 있다.

【주요 내용】禮의 기원과 작용 / 예의 제도와 禮樂의 교화 / 예와 중국의 민족정신 / 예악과 중국의 정치 / 국가와 가정 / 예의 권위 / 체제와 직능 / 윤리화된 철학 / 조상 숭배와 천명사상 / 儒學의 연원 / 예의 반란 / 종교감정과 현실이성 / 신화와 전통 / 士官의 문화와 巫祝의 문화 / 美와 善의 합일 / 詩教와 樂教 / 예의 형상 표현 / 정치윤리 / 집단주의 / 여성의 예교와 여성의 정치 / 예의의 나라 / 윤리강령의 통속화 / 가족과 정치 / 예악의 문화 분위기 / 민족정신의 확대 / 정치적 곤경

東文選 文藝新書 74

본국검(本國劍)

海帆 金光錫 著

조선 검법의 이론과 실기의 교과서

 본서는 무예의 기본 원리인 〈안법眼法〉·〈수법手法〉·〈신법身法〉·〈보법步法〉은 물론 검법의 기본원리인 〈파법把法〉·〈배수配手〉·〈연법 순서〉·〈격자격세법擊刺格洗法〉·〈육로도법六路刀法〉을 상세히 공개한 국내 최초의 무예서이다.

 또한 〈본국검本國劍〉·〈예도銳刀〉·〈쌍수도雙手刀〉·〈제독검提督劍〉·〈쌍검雙劍〉·〈월도月刀〉·〈협도挾刀〉 등의 실기를 동작그림으로 도해하고 있는 바, 《무예도보통지》에 따른 검법劍法과 도법刀法의 이론을 겸한 실기도해實技圖解라는 점에서는 최초의 시도라 할 만하다.

 부록에는 〈내장內壯 외용外勇〉·〈무언武諺〉과 참고자료로서 《무예제보武藝諸譜》의 〈검보劍譜〉,《무비지武備志》의 〈조선세법朝鮮勢法〉 및 《무예도보통지》의 각 〈검법〉의 원보를 그대로 실었다.

 〈내장 외용〉은, 검법 연습에 기초가 되는 기본공基本功의 훈련을 내장세內壯勢와 외용세外甬勢로 나누어 순서를 잡아 설명한 것이다.

 〈무언〉은 역사적 슬기를 담은 일상생활 속의 속담과 마찬가지로 무예계에 전하고 있는 속어俗語인데, 짧은 어구語句이지만 무예의 기본정신과 나아가서는 수련의 방법까지를 일러 주는 것이니, 무예인 누구나 가까이 좌우명座右銘으로 삼을 만한 것들이다.

 무예의 연마는 바로 무한한 자기 수양이요, 나아가서 그러한 과정을 거쳐 터득된 무예는 바로 예술이라 할 수 있다.

 기격미技擊美와 기예미技藝美가 조화된 율동미와 자연미는, 강인하면서도 유연한 강유상제剛柔相濟의 고매한 묘를 얻게 되어 끝내는 성품을 닦고 덕성을 기르게 되어 인격도야는 물론이요, 민족정신을 배양하는 첩경이다.

東文選 文藝新書 9

神의 起源

何 新 지음
洪 熹 옮김

　문화란 단층이나 돌연변이를 낳지 않는다. 따라서 중국의 상고시대에 대한 연구는 신화의 바른 해석에서부터 시작되어야 하며, 그 방법은 고고학·인류학·민속학·민족학은 물론 언어학까지 총동원되어야 한다. 그래야만 과학적 접근을 통한 인간 삶의 본연의 모습을 오늘에 적용할 수 있기 때문이다.
　중국의 소장학자 何新이 쓴《神의 起源》은 문자의 훈고와 언어 연구를 기초로 한 실증적 방법과 많은 문헌 고고자료를 토대로 중국 상고의 태양신 숭배를 중심으로 중국의 원시신화, 종교 및 기본적 철학 관념의 기원을 계통적으로 거슬러 올라가 탐구하고 있다.
　'뿌리를 찾는 책'이라는 저자의 말처럼 이 책은 중국 고대 신화계통에 대한 심층구조의 탐색을 통하여 중국 전통문화의 뿌리가 되는 곳을 찾아보려 하고 있다. 즉 본래의 모습을 찾되 단절되거나 편린에 그친 현상의 나열이 아님을 강조한 것이다.
　이 때문에 그는 이 책의 체제도 우선 총 20여 장으로 나누고 있다. 그 속에는 원시신화 연구의 방법론과 자신의 입장을 밝힌 十字紋樣과 太陽神 부분을 포함하고, 민족문제와 황제, 혼인과 생식, 龍과 鳳에 대한 재해석, 지리와 우주에 대한 인식, 음양논리의 발생, 숫자와 五行의 문제 등을 고대문자와 언어를 과학적으로 분석하여 근거로 제시했으며, 여러 문헌의 기록도 철저히 재조명해 현대적 해석에 이용하고 있다.
　그외에도 원시문자와 각종 문양 및 와당의 무늬 등 삽화자료는 물론, 세계 여러 곳의 동굴 벽화까지도 최대한 동원하고 있다. 특히 도표와 도식·지도까지 내세워 신화와 원시사회의 연관관계를 밝힌 점은 아주 새로운 구조적 분석이라 할 수 있다. 이렇게 하여 그는 일반적 서술 위주의 학술문장이 자칫 범하기 쉬운 '가시적 근거의 결핍'을 극복하고 있다.

東文選 文藝新書 77

권법요결(拳法要訣)

海帆 金光錫 著

우리 무예의 체통을 찾는 이론적 지침서

본서는 조선 정조의 명으로 편찬된 《무예도보통지武藝圖譜通志》에 실린 18가지 무예, 즉 〈십팔기十八技〉기 중 〈권법拳法〉 항목을 해제하였다.

흔히 중국무술로 오인받고 있는 〈십팔기〉는 조선 무예의 정형으로서 영조 때 사도세자가 섭정할 때 〈본국검本國劍〉·〈월도月刀〉·〈장창長槍〉·〈기창旗槍〉·〈당파鐺鈀〉·〈협도挾刀〉·〈쌍검雙劍〉…… 등 18가지 무예에 붙인 이름으로 나라의 무예로서, 진정한 의미에서의 〈국기國技〉라 할 수 있다. 본서는 그중에서 모든 무예의 기본이 되는 〈권법〉에 대한 이론과 실기를 동작그림과 함께 상세히 설명하고 있다.

주요 내용으로는 〈삼절법三節法〉·〈심법心法〉·〈안법眼法〉·〈수법手法〉·〈신법身法〉·〈보법步法〉·〈오행五行〉·〈경론勁論〉·〈내공內功〉 등에 대한 이론과 수련법이 실려있다.

특히 〈경론勁論〉에서는 〈경勁과 역力의 차이점〉〈경勁의 분류〉〈점경粘勁〉〈화경化勁〉〈나경拿勁〉〈발경發勁〉〈차경借勁〉을 다루고 있는데, 역力과 경勁의 차이점을 들어 연마와 내적 수련의 힘이 어떤 것인가를 설명하고 있다. 무예인들에게는 더할나위 없이 귀중한 이론들이다.

또한 조선시대 기인인 북창北窓 정렴 鄭石廉 선생이 남기신 비결서 〈용호비결龍虎秘訣〉의 수행법 전문을 최초로 공개하여 해설하고 있다.

東文選 文藝新書 125

중국은사문화

馬　華·陳正宏 지음
姜炅範·千賢耕 옮김

　중국에는 이 세상에서 은사가 가장 많았고, 그 은사들의 생활은 〈숨김(隱)〉으로 인해 더욱 신비스럽게 되었다. 이 책은 은사계층의 형성에서부터 은사문화의 특징에 이르기까지 구체적이고 생동감 넘치는 수많은 사례를 인용하였으며, 은사의 성격과 기호·식사·의복·주거·혼인·교유·예술활동 등을 다각도로 보여 준다. 또한 각양각색의 다양한 은사들, 즉 부귀공명을 깔보았던 〈世襲隱士〉, 험한 세상 일은 겪지 않고 홀로 수양한 〈逸民〉, 부침이 심한 벼슬살이에서 용감하게 물러난 조정의 신하, 황제의 곡식을 먹느니 차라리 굶어죽기를 원했던 〈居士〉, 入朝하여 정치에 참여했던 〈신 속의 재상〉, 총애를 받고 권력을 휘두른 〈處士〉, 그리고 기꺼이 은거했던 황족이나 귀족 등 다양한 은사들의 다양한 은거생활과 운명에 대해 서술하였다. 그들 중에는 혼자서 은거한 〈獨隱〉도 있으며, 형제간이나 부부·부자나 모자 등 둘이서 은거한 〈對隱〉도 있으며, 셋이나 다섯이서 시모임(詩社)이나 글모임(文社)을 이루어 함께 은거하는 경우도 있었다. 그들은 대부분 산 속 동굴에 숨어 살거나, 시골 오두막에 깃들거나, 산에서 들짐승과 함께 평화롭게 살거나, 혹은 시체 구더기와 한방에서 산 사람도 있었다. 이들은 소박한 차와 식사를 했지만 정신만은 부유하여, 혹 산수시화에 마음을 두고 스스로 즐기거나 物外의 경지로 뛰어넘어 한가롭고 깨끗하게 지냈으며, 심지어는 마음이 맑고 욕심이 적어 평생 아내를 맞이하지 않기도 하였다. 이 책은 은사생활의 모든 면을 보여 주는 동시에, 중국 고대 사회에서 은사들이 점했던 특수한 지위와 중국 문화에 은사 문화가 미친 영향 등에 대해 깊이 있는 연구를 진행하였다. 풍부하고 생생한 내용에 재미있는 일화도 있지만, 깊이 있는 견해 또한 적지않다. 중국 문화의 심층을 이해하는 데 상당한 도움을 줄 것이다.

東洋武術의 集大成

原本 武藝圖譜通志

正祖 命撰
영인본 정가 : 60,000원

한국 무술의 족보라 할 《무예도보통지武藝圖譜通志》는 조선왕조 제22대 정조正祖의 어명에 따라 편찬된 무예서武藝書이다.

그 편찬 배경을 보면 조선왕조 후기를 얼룩지게 한 임진왜란과 병자호란과 불가분의 관계가 있다. 두 외침은 국왕은 물론 일반 백성까지 무예武藝를 새롭게 부흥시켜야겠다는 경각심을 갖기에 이른 것이다.

이러할 즈음, 정조 13년(1789) 왕은 당대의 문장가 이덕무李德懋와 실학자로서 규장각奎章閣 검서관檢書官이었던 박제가朴薺家에게 완벽한 무예서의 편찬을 당부하니 이들은 다시 장용영壯勇營 초관哨官 백동수白東脩에게 군실무軍實務를 묻고, 이미 전부터 전하고 있던 선조 31년(1598) 한교韓嶠에 의하여 이루어진 《무예제보武藝諸譜》와 영조 35년(1759) 사도세자에 의해 간행된 《무예신보武藝新譜》를 바탕으로 하면서 중국과 일본의 무술까지를 수용하여 이른바 동양 무술을 집대성하는 작업을 하여, 정조 14년(1790)에 편찬·출간되었다. 특히 임진왜란 이후 각종 무기武技의 필요성을 절감하게 되고 명나라 척계광戚繼光이 지은 《기효신서紀效新書》에서 〈등패藤牌〉·〈장창長槍〉·〈당파鐺鈀〉·〈낭선狼筅〉·〈권법拳法〉·〈곤봉棍棒〉 등 6기技를 수용하며, 일본으로부터는 〈쌍수도雙手刀〉·〈왜검倭劍〉·〈왜검교전倭劍交戰〉 등 3기를 더한다.

본디 이어져 내려온 한국 무예武藝로는 〈본국검本國劍〉·〈예도銳刀〉·〈제독검提督劍〉·〈쌍검雙劍〉·〈월도月刀〉·〈협도挾刀〉·〈죽장창竹長槍〉·〈편곤鞭棍〉이 있고, 여기에 정조 때 정립 추가한 마상6기馬上六技가 있으니, 〈마상쌍검馬上雙劍〉·〈마상월도馬上月刀〉·〈기창騎槍〉·〈마상편곤馬上鞭棍〉·〈격구擊毬〉·〈마상재馬上才〉 등의 무술을 소상한 투로套路(總圖) 그림을 곁들여 설명하고 있으니 동양에서 가장 훌륭한 무예서라 하겠다.